D1675086

L'ARBRE AUX FIGURES

ÉTUDE DES MOTIFS FANTASTIQUES DANS L'ŒUVRE DE JULIO CORTÁZAR

© L'Harmattan, 1996
ISBN : 2-7384-4032-0

Raúl SILVA-CÁCERES

L'ARBRE AUX FIGURES

ÉTUDE DES MOTIFS FANTASTIQUES DANS L'ŒUVRE DE JULIO CORTÁZAR

DECENNIE MONDIALE DU DEVELOPPEMENT CULTUREL
1988- 1997

ONU

Éditions L'Harmattan
5-7 rue de l'École Polytechnique
75005 Paris

À Annika
Katja
Sebastian

AVANT-PROPOS

Ce livre est avant tout un hommage à l'œuvre de Julio Cortázar dont l'éblouissante découverte n'a jamais été déçue par la suite. A l'écrivain qui devint un ami fascinant. A l'homme solidaire et épris de démocratie.

Si la genèse de ce travail est sans doute affective, les conditions concrètes de son élaboration ne le sont point. Il s'agit d'un livre – que nous souhaitons polémique dans le meilleur sens – dans lequel on analyse les contes et les nouvelles de l'auteur avec la perspective structuraliste définie dans l'introduction.

Une pensée particulière pour Paul Guinard et Maurice Molho, maîtres et collègues exemplaires en Sorbonne, et pour Ana María Barrenechea, Columbia University et Universidad de Buenos Aires, toute notre reconnaissance et notre profonde gratitude pour ses précieux conseils sur l'œuvre de Cortázar.

Paris, 1995

INTRODUCTION

E.A. Poe entreprit l'exploration théorique du conte à partir de 1842, dans ses commentaires sur l'œuvre de Hawthorne. L'influence des écrits de cet auteur fut capitale dans l'importance attribuée au récit bref. En effet, c'est sans doute grâce à elle que les écrivains latino-américains réalisèrent une praxis ayant pour but de transformer en un genre majeur ce qui, sous d'autres latitudes, n'était qu'un exercice de formation permettant un entraînement en vue d'atteindre l'écriture romanesque.

Au cours de ce processus, des idées comme celle de l'« unique or single effect » furent amplement discutées et appliquées à la structure fermée du conte, aussi bien au niveau de la conclusion que des personnages ou motifs qui y apparaissent. Ce qui chez E.A. Poe était destiné à attirer l'attention sur la valeur de condensation interne du court récit afin d'en augmenter les possibilités dramatiques, coïncida également, chez J. Cortázar, avec la notion d'épiphanie traitée par Joyce. Cette dernière est centrée sur le protagoniste et le surgissement d'une vérité inattendue produite par une crise personnelle.

En fait, et bien que ces notions soient largement polémiques et aient été fréquemment débattues par les critiques (autour, par exemple, de *la présence imprévue* ou bien de la *condensation dramatique* qui peuvent être appliquées au roman et au drame), l'idée d'effet d'intensité est ce qui subsiste de Poe dans la praxis de J. Cortázar. Elle n'est point produite par la qualité de l'histoire mais par la capacité

9

de mobilisation du lecteur qui participe le plus activement possible à l'acte total de la lecture. Selon ce qu'établit l'auteur à partir de son texte théorique écrit en 1963, *Quelques aspects du conte* [1], au-delà de l'anecdote, aussi bien les modes narratifs que le dénouement y acquièrent une fonction primordiale.

A travers la structure des récits et en suivant la voie suggérée par J.-P. Sartre, il nous paraît essentiel de déterminer avant tout comment y surgit *une réalité de sens* plus qu'**une** *réalité de signification*. Cette dernière semble être davantage conventionnelle, un objet présent y agissant comme substitut d'un autre qui n'existe pas comme référent immédiat [2]. Autrement dit, ce n'est pas seulement la réalité de signification au niveau des fonctions du discours narratif qui nous intéresse. La présence d'unités de sens thématique à travers le fonctionnement essentiellement répété de **motifs** nous attire également car l'œuvre de l'auteur devient ainsi l'une des plus grandes réalisations de la littérature fantastique du XXème siècle.

Aussi tenterons-nous d'en détecter le fabuleux système de connexion et de l'ordonner selon un enchevêtrement expansif se présentant, au fur et à mesure des années, comme un miroir intertextuel. Alors qu'ils ne se répètent point à l'identique dans le système entier, les motifs s'articulent comme des séquences. Celles-ci font partie d'un tout structurel parfaitement hiérarchisé et identifiable créant des relations de type associatif qui les égalent et permettent de former des groupes classificatoires communs. Dans notre étude, nous sommes souvent amené à les séparer pour des raisons pratiques. Cependant, nous soupçonnons qu'ils font partie d'une seule famille, comme dans le cas du développement de l'*onirisme*, base de l'expérience du symbolisme, du dédoublement ou de l'étrangeté para-fantastique.

En constituant une indispensable référence initiale, la distinction entre *fable* et *sujet*, ce dernier terme désignant la manière de disposer ou d'organiser artistiquement les motifs ou la façon avec laquelle le lecteur prend directement conscience de l'histoire, nous est évidemment très utile. Les formalistes russes, et plus particulièrement Tomachevski, ont insisté sur les valeurs du comparatisme qui autorise la détermination d'une grande variété dans le fonctionnement de la notion relative aux motifs. En effet, ils affirment, par exemple, que le motif est toujours lié à l'unité thématique qui existe dans différents ouvrages. La fable est associée, elle aussi, aux motifs ; pourtant, « elle apparaît comme l'ensemble des motifs dans leur succession chronologique et de cause à effet » [3]. La causalité derrière laquelle se dissimule le développement de la fable ne peut faire oublier que le motif est indépendant, qu'il peut se reproduire d'un ouvrage à l'autre et qu'il est doté d'une énergie intrinsèque le transformant en une force dynamique du récit ou du roman [4].

Ainsi, son fonctionnement *sui generis* le fait surgir, notamment, sous des modalités thématiques profondément différentes. Le motif central de la « chambre obscure comme agent de révélation des significations profondes du monde » (il s'agit ici de la chambre photographique) survient dans des récits thématiquement très dissemblables. Il se dévoile tant dans, par exemple, *Les fils de la Vierge* (1959) dont le personnage du photographe amateur dans l'île Saint-Louis servit à Antonioni pour son film *Blow up* que dans *Apocalypse à Solentiname* (1974) qui se déroule sous la dictature somoziste au Nicaragua, en Amérique centrale.

J. Cortázar écrivit quatre-vingt-deux contes [5] ; quelques uns d'entre eux furent reconnus tardivement comme tels par l'écrivain lui-même. Ils furent tous inclus dans les quatre volumes préparés par J. Cortázar avant son décès, pour son éditeur madrilène. Reprenant le même principe de classification que celui adopté en 1970 pour les tomes publiés à Buenos Aires, ils portent les titres de *Ritos* (« Rites »), *Juegos* (« Jeux »), *Pasajes* (« Passages »), et *Ahí y ahora* (« Là et maintenant »). Ce classement n'en demeure pas moins capricieux et hétérogène ; en effet, le dernier volume, rajouté pour l'édition de Madrid, rassemble les récits liés thématiquement à la répression militaire durant les années soixante-dix dans quelques pays latino-américains. Malgré cet aspect, la création et la publication des contes obéissaient à des tensions bien différentes, étrangères aux pressions éditoriales, éloignées des lectures anthropologiques

11

occasionnelles de l'auteur. Les huit ouvrages publiés par J. Cortázar (neuf si l'on prend en compte la double publication de *Fin d'un jeu* qui incorpore deux fois plus de textes dans la seconde édition que dans la première) soulignent le fait que la grande diversité thématique des récits implique la réitération, avec des variantes significatives, des motifs caractéristiques de la littérature fantastique. Il faut noter que ceci n'a pas encore été étudié par la critique.

Les analyses de l'œuvre de J. Cortázar se sont multipliées depuis la décade de 1960. Dans une première phase, les années soixante, elles versèrent dans l'identification de ses aspects ludiques, de sa notion d'anthropologie poétique, de sa vision de l'homme à l'intérieur d'un système de relations analogiques, etc. La décennie suivante vit naître avec le développement de la sémiotique un nombre croissant de travaux sur les fonctions narratives, sur la présence du lecteur virtuel comme personnage spéculaire du récit et sur la voix de la narration en relation avec les points de vue. Dans les années quatre-vingt, des études spécialisées, parmi lesquelles plusieurs thèses de doctorat défendues en France, ont mis en valeur avec talent et efficacité la syntaxe narrative, l'intertextualité, les isotopies lexicales, les sujets de l'énonciation et le discours mythique du fantastique dans l'œuvre de J. Cortázar.

Qu'il nous soit permis d'apporter notre contribution à l'analyse des productions de J. Cortázar. Nous le ferons en employant une méthodologie structurale qui n'est pas seulement formaliste. En effet, elle s'appuie sur la reconnaissance ontologique spécifique de toute œuvre d'art. Notre conception se conforme donc à celle d'un structuralisme dynamique où motifs et thèmes sont considérés comme des éléments de base caractérisant le particularisme de chaque ouvrage. Ils deviennent ainsi capables de refléter véritablement une sorte de modalité intégrée à un genre plus vaste, celui du fantastique. Tel est le sens que nous attribuons à notre tentative abstraite de *définition* d'une œuvre, celle de J. Cortázar, par ses composantes internes. Elle nous mène à son tour à la déterminer par rapport au genre auquel elle appartient. La notion d'étrange et d'insolite, et celle du déplacement ontologique et interstitiel, proposées par Cortázar dans *Du conte bref et de ses alentours* [6] vont acquérir ainsi leur sens plein.

NOTES

1. Cf., *Casa de las Américas*, Cuba, 1963, p. 16-17

2. Cf., *Saint Genet,* Paris, Gallimard, 1952, p. 283-284. Sartre y affirme que, dans la réalité du sens, il existe « la participation d'une réalité présente dans son être à un être différent ».

3. Cf., *Théorie de la littérature*, Paris, Seuil, 1965, p. 269.

4. *Op. cit.*, p. 270 : « Le sujet apparaît comme l'ensemble de ces mêmes motifs, mais selon la succession qu'ils respectent dans l'œuvre ».

5. Il faut ajouter à ceux-ci quelques récits de jeunesse que l'écrivain décida de ne pas intégrer aux volumes réunissant tous les contes.

6. Cf., *Le tour du jour en quatre-vingt mondes*, Paris, Gallimard, 1983, p. 172-184.

ŒUVRES ANALYSÉES*

Bestiaire (1951)

Fin du Jeu (1956)

Les armes secrètes (1959)

Fin du jeu (1964)
(La deuxième édition comprend dix-huit nouvelles dont neuf inédites)

Tous les feux le feu (1966)

Octaèdre (1974)

Façons de perdre (1977)

Nous l'aimons tant Glenda (1980)

Heures indues (1982)

*Les héritiers de Cortázar ont décidé de faire une série de publications posthumes de ses contes, y compris de certains que l'auteur n'avait pas jugé opportun de publier vivant. C'est le cas du volume *Nouvelles* (édition intégrale, 1945-1982) qui fut publié par l'UNESCO et Gallimard de Paris et qui regroupe douze récits de jeunesse, non parus en volume auparavant. Ces contes sont d'un intérêt très inégal et ont été intitulés *L'autre rive*.

Cette édition comprend aussi des textes que Cortázar ne considérait pas comme étant des contes. C'est le cas de *Cronopes et fameux*.

D'autre part, on a omis d'inclure – dans cette édition nommée *intégrale* – quatre contes qui avaient été incorporés dans d'autres éditions par Cortázar lui-même et qui provenaient des œuvres *Le tour du jour en quatre-vingt mondes* (1967) et *Ultimo round* (1969) : *C'est avec un légitime orgueil* et *Séjour de la main*. Du dernier volume ont été retirés *Le voyage* et *Siestes*. Il s'agit de récits importants dont quelques-uns sont d'une très grande qualité, comme c'est le cas de *Siestes*.

CHAPITRE I

INSTANCES NARRATIVES DANS LA CONSTITUTION DU TEXTE FANTASTIQUE MODERNE

1. LE SURRÉALISME ET LA NOTION DES «GRANDS TRANSPARENTS » [1]

La notion des *Grands Transparents* à peine esquissée par Breton dans *Prolégomènes à un troisième manifeste du surréalisme ou non*, rédigé en 1942 [2], coïncide avec les recherches esthétiques de Cortázar, définies dans ses années de formation jusqu'en 1945 et dans sa découverte des littératures d'avant-garde qui culminèrent avec la lecture de Jean Cocteau dans quelque café de bohème de Buenos Aires. De fait, notre auteur, dans la période de maturité de son œuvre littéraire, se référera en diverses occasions à cette notion, mal décrite par Breton et mal comprise par ses disciples et critiques, laquelle est employée par Cortázar de façon beaucoup plus générale, bien que non aléatoire comme nous le verrons, et toujours rattachée à l'ensemble des pratiques de la littérature fantastique qu'il prétendait faire.

En premier lieu, et avant de passer à ce qu'elle signifie pour Cortázar lui-même, nous essaierons de la montrer sous les aspects que désirait lui donner l'auteur français. L'affirmation de Breton, au terme du *Troisième Manifeste* suivant lequel « l'homme n'est peut-être pas le Centre, le point de mire de l'Univers », recèle un rejet de la vision anthropocentriste de l'Univers, telle qu'elle se pratique dans la civilisation occidentale, laquelle est aussi débattue par Cortázar dans son célèbre roman expérimental « *Marelle* » lorsque le théoricien fictif paraît ici affirmer :

> *Il se peut qu'il y ait un monde dans celui-ci, mais nous ne le rencontrerons pas en découpant sa*

19

silhouette dans le tumulte fabuleux des jours et des vies, nous ne le rencontrerons ni dans l'atrophie ni dans l'hypertrophie. Ce monde n'existe pas, il faut le créer comme le phénix. Ce monde existe dans celui-ci, mais comme l'eau existe dans l'oxygène et l'hydrogène... Quelle tâche inutile que celle de l'homme, coiffeur de lui-même, répétant jusqu'à la nausée la coupe bimensuelle, dressant la même table, refaisant les mêmes choses, achetant le même journal, appliquant les mêmes principes aux mêmes conjonctures [3].*

Dans le texte déjà cité, Breton disait également que la vision anthropomorphique de l'homme occidental était déformante et qu'on devait la faire cesser pour « *ouvrir les fenêtres sur les plus grands paysages utopiques* ». Il entendait par là la présence d'êtres qui, en échappant au système de références sensorielles, *se manifestent obscurément à nous dans la peur et le sentiment du hasard* [4].

Par la suite, Breton proposera la création d'un nouveau mythe qui sera celui des *Grands Transparents*, destiné à mettre fin à l'anthropocentrisme de la culture occidentale.

Gérard Legrand fut un grand ami et un collaborateur de Breton à partir de 1948, c'est-à-dire dans la dernière partie de sa vie, auteur d'un livre au titre borgésien : *Préface au système de l'Éternité*. Celui-ci affirmait que les êtres fantastiques, sortis de l'imagination d'un Novalis ou de la pensée plus moderne de Williams James, constituaient une concrétisation mentale – parfois exagérée par la présence de mondes parallèles à la manière de Marcel Duchamp – à laquelle Breton accorde de l'importance dans la dernière phrase de son Manifeste où il pose la question de savoir s'il convient de leur donner la possibilité de s'identifier pour pouvoir véritablement exister.

A) *Cortázar et M. Duchamp*

En effet, selon J. Clarence Lambert, une copie de *Le grand verre* de Duchamp et des *Morphologies psychologiques* de Roberto Matta (comme nous le savons, directement inspirées par *Le grand verre*) étaient en face du chef du surréalisme et Breton les regardait à mesure que la rédaction de son texte avançait [5].

Ce qui intéressait par-dessus tout Duchamp dans cette œuvre – qui n'est ni peinture, ni sculpture ni « ready made », mais un produit hybride guidé par des automatismes difficiles à expliquer, est la même chose qui guida Matta dans ses *Morphologies*, c'est-à-dire faire apparaître la spontanéité, la liberté de l'« événement intérieur », le *inscape*, comme affirmait Matta, c'est-à-dire « peintures et dessins nés de l'automatisme absolu prôné par Breton ».

Cortázar tarda à éprouver de l'intérêt pour les peintres latino-américains sortis de la grande fournée surréaliste ou d'autres tendances postérieures ; ceci n'empêcha pas son adhésion aux grands créateurs européens [6]. Matta, dans cette vision du labyrinthe cosmique, « d'usine astrale délirante », va rendre un hommage extraordinaire à Duchamp au travers d'un des personnages de *Le vitreur* (*Science, conscience et patience du vitreur*) (1944) et également dans *Le vertige d'Eros* (1944) [7].

Cortázar exprime aussi une admiration sans borne pour Duchamp dans sa recherche de la liberté et sa formulation de l'absurde.

En plus du problème de l'automatisme absolu, cette expérience impliquait le problème de la liberté, de l'osmose et de la porosité que doit atteindre le texte littéraire comme base de sa pénétration dans les arcanes du monde, comme refus de l'imperméabilité de certaines matières hétérogènes.

Dans le texte appelé « Julius en action » dans *Le tour du jour en quatre-vingts mondes*, Cortázar prend note d'une « séquence pataphysique très normale » dans laquelle il voit les interrelations spéciales suivantes entre l'œuvre de Lafargue et de Duchamp :

> *Je n'imaginais pas une fois de plus qu'il y avait un passage au monde des Grands Transparents. Le même après-midi, après avoir travaillé sur ce texte, je décidais de visiter une exposition dédiée à Dada. Le premier tableau que je vis en entrant fut* Nu descendant un escalier, *envoyé spécialement à Paris par le Musée de Philadelphie* [8].

Ainsi, la création d'un *nouveau mythe* qui, en termes de Breton, impliquerait l'ouverture vers de nouveaux horizons de liberté, dans lesquels la dimension utopique serait un constituant essentiel guidé par le hasard significatif, coïncide avec la vision de Cortázar formée par cette coïncidence aléatoire et le système de correspondances entre personnes, lieux matériels et événements qui constitueront la base des « figures » ainsi appelées par l'auteur latino-américain et sur lesquelles nous allons nous exprimer par la suite.

B) La « figure », correspondance aléatoire et coïncidence avec le hasard

La figure ne peut s'accomplir qu'à différents niveaux. Elle doit fonctionner comme un tissu symbolique de type conductuel (les individus ne le savent pas ou l'ont oublié), comme un mouvement du hasard qui n'est pas totalement étranger à des lois magiques ou mystérieuses dans son élaboration, et, enfin, comme un système sémiotique qui permet d'enrichir les habituelles significations du monde matériel.

Il ne fait aucun doute qu'il s'agit là de phénomènes utilisés également par la parapsychologie et par d'autres formes du spiritualisme occidental. L'idée que la libération des arcanes de l'homme mène nécessairement à la libération sociale et historique, y est presque unanimement invoquée. De plus, elle se rapproche d'une notion surréaliste qui lui ressemble beaucoup : celle du *hasard objectif*. Cette dernière est liée à la coïncidence de signes et d'indices qui mènent à des correspondances inédites et fortuites, capables d'affecter la nature même du hasard.

Pour Breton, ce *hasard objectif* constitue un élément de réponse dans la découverte du monde pour celui qui a l'audace ou la force d'aller à sa recherche. Il se présente donc comme un lieu d'interaction des possibilités de l'univers et de l'homme, comme un espace où la liberté, ainsi que le véritable sentiment de la réciprocité des rapports évoqués, peuvent s'exercer.

L'idée de figure devient plus complexe dans « *Marelle*» :

> ...*Nous traçons avec nos va-et-vient une figure semblable à celle que dessinent les mouches volant dans une pièce de-ci, de-là, puis brusque volte-face et à nouveau de-ci, de là, c'est ce que l'on appelle un mouvement brownien... un angle droit, une ligne qui monte, par ici, par là, d'arrière en avant, vers le haut vers le bas, par mouvements spasmodiques, freinant sec et démarrant aussitôt dans une autre direction, et tout cela tisse un ensemble, une figure* [9].

Le tissu de la figure apparaît de façon de plus en plus nette au fur et à mesure que sont publiés les différents ouvrages de Cortázar. Cette idée va jusqu'à s'unir à la notion de production de sens de l'écriture elle-même. Les signes et les éléments signifiants de cette dernière peuvent ainsi édifier la figure souhaitée. Cependant, son aspect le plus remarquable demeure celui de l'authenticité de sa non-conscience : paraphrasant Jean Cocteau, le narrateur de *Marelle* affirme :

> *Les étoiles de la Grande Ourse ne savent pas qu'elles appartiennent à la Grande Ourse...* [10]

Dans la réflexion de Cortázar, il y a donc une conscience, une volonté croissante de mettre en espace la figure symbolique. Nous y trouvons également le besoin de l'associer à l'altération graphique du texte, à l'expérience du « collage » et du montage. Ces modalités sont très fréquentes dans les littératures d'avant-garde et Cortázar les utilise remarquablement dans *Le tour du jour en quatre-vingts mondes* et *Dernier round*. Elles permettent de remettre en cause les données traditionnelles de l'écriture et d'opérer une ouverture sur de nouveaux ordres de signification.

Par la fonction hallucinatoire et le rôle de support du monde onirique qu'ils assument, ces éléments se haussent en mode de substitution ou de complémentarisation des insuffisances de la narration logique ou documentaire. Ils suscitent une cohérence interne pour le fantastique, encouragent une autosuffisance de l'irréel comme système autonome de compréhension du monde. André Breton avait trouvé ces caractéristiques dans la lecture de *Le moine* de Lewis. Il déclara dans l'une de ses phrases célèbres : « Ce qu'il y a d'admirable dans le fantastique, c'est qu'il n'y a plus que le réel ». Cette véritable profession de foi du fondateur du mouvement surréaliste, qui lie la logique du fantastique au « roman noir », peut être rapprochée de ses réflexions théoriques produites à partir de 1925. Elles sont à la base de ce qui fermera, par la suite, l'ouvrage *Le surréalisme et la peinture* qui fut publié en 1928.

> *Tout ce que j'aime, tout ce que je pense et ressens, m'incline vers une philosophie particulière de l'immanence, d'après laquelle la surréalité serait contenue dans la réalité même et ne lui serait ni supérieure, ni extérieure. Et réciproquement, le contenant serait aussi le contenu* [11].

Cette considération pourrait être attribuée à Cortázar tant les prises de position de l'écrivain argentin lui ressemblent. Elle sera reprise de nombreuses fois dans les ouvrages de maturité de cet auteur. La figure y est célébrée en tant qu'élément métaphorique de la continuité et étape supérieure du fonctionnement du double. Ainsi, à travers la *liberté fatale* des surréalistes, elle y assume cette double dimension de la dissociation, et de la limite, du contenant et du contenu, que seul le support fantastique peut souligner.

La coïncidence comprise comme signification du monde pour celui qui ose aller à sa rencontre, est l'un des éléments principaux déclenchant la recherche de systèmes relationnels fondés sur l'analogie et le hasard des signifiants. Breton lui-même affirma que le hasard objectif était : « La rencontre entre une causalité externe et une finalité interne ». Il concluait qu'il était constitué des tensions du désir en terminant par l'affirmation suivante : « Philosophiquement, le hasard objectif est le lieu géométrique de rencontre de ces coïncidences » (12). Telle est, d'autre part, l'origine de sa théorie sur l'amour. Ce dernier cherche la totalité sans rupture tout en essayant de formuler une éthique. Sans doute, l'aspect le plus important est que cela permet de légitimer la philosophie de l'action. En effet, intégrant tous ces processus relatifs à la recherche d'un module ou centre paralogique de correspondances, *L'amour fou* permettra à Giacometti de terminer l'une de ses statues et à Breton lui-même de retrouver l'amour ainsi que la vie.

Cortázar va plus loin dans la praxis de la figure, bien que la formulation théorique qu'il propose s'arrête au niveau liminaire de la correspondance et de l'analogie.

Comme nous le verrons plus avant à travers sa production de narrations brèves, il mettra en pratique différentes sortes de *figures*. Elles comprennent la *figure simple*, qui est très proche de l'apparition du double comme dans *Une fleur jaune*, la *figure* « parastasique » liée à l'idée de la temporalité, et la figure que nous appelons de *constellation*. Cette dernière, plus complexe, embrasse plusieurs temps et identités à la fois. Nous la trouvons par exemple dans *Tous les feux le feu* et, plus particulièrement, dans le récit *L'autre ciel*. Nous ne devons point oublier l'importance que prendra la figure *de possession* qui est liée elle aussi à la présence du double et au thème fantastique traditionnel de la réincarnation. Nous reviendrons sur toutes ces données plus avant dans notre étude.

C) « *Lumière* » et « *opacité* » dans la pensée de Cortázar

L'idée surréaliste de détruire la machine rationnelle pour récupérer la spiritualité perdue en Occident, coïncide avec la recherche de l'absolu qu'aussi bien Breton que plus tard Cortázar poursuivront à l'exemple de Jarry qui cherchait à unir le dissonant et le monstrueux avec le beau. Pour eux, l'ambiguïté et l'anachronisme sont instruments de pénétration de l'opacité du monde ; ils constituent la forme privilégiée pour révéler les arcanes du monde, ils servent pour exprimer les pulsions de l'inconscient, tel que l'exprimait peu avant sa mort Cortázar lui-même :

> ...*Quand j'ai commencé à écrire des contes fantastiques, certaines forces, appelons ça pulsions si vous voulez, étaient très intenses en moi et avaient besoin de s'exprimer, mais elles ne le pouvaient pas de façon directe parce qu'il n'y a pas de façon directe ; alors elles se sont pour ainsi dire incarnées, ont trouvé leur symbole* [13].

Ces pulsions sont pour une part la manifestation de l'hallucinatoire, de l'inexprimable, mais en même temps, comme les *formes* instables d'une rencontre finale : elles sont l'incarnation du nouveau mythe unificateur, les *Grands Transparents*, et de sa vaste portée visionnaire. En lui, comme dans les meilleurs auteurs de science-fiction d'aujourd'hui, *les mondes parallèles* trouvent leur chemin d'expression, auxquels ni Cortázar ni Breton ne renoncèrent jamais comme voie d'accès au nouveau mythe unificateur. N'est-ce pas ce sentiment qui paraît briller dans un obscur paragraphe de *Marelle*, lorsque l'alter-ego de l'auteur Cortázar affirme :

> *Je ne pourrais jamais renoncer au sentiment de ce qu'ici, collée à mon visage, entrelacée dans mes doigts, il y a comme une explosion vers la lumière, irruption de l'un vers l'autre ou de l'autre en moi, quelque chose d'infiniment cristallin qui pourrait se broyer et se fondre en lumière totale sans temps ni espace* [14].

Deux ans après la rédaction du dernier paragraphe de son Troisième Manifeste, Breton insistait de nouveau sur l'idée des Grands Transparents au dire d'Arcane 17 qu'on devait « exalter sans cesse la notion de cristal en face de l'opacité, la grande ennemie de l'homme, et ajoutait que c'était la voie lumineuse pour « la remise en question fondamentale » de notre civilisation. Cortázar, à partir de son monde latino-américain, cherchait aussi la présence de la lumière et de la pureté, comme réponse à l'usure de notre civilisation prise au piège de sa violence, de son conformisme et de son manque de foi dans l'avenir.

NOTES

1. Présenté dans le colloque « Les surréalismes et l'Amérique latine » en 1994, organisé par le CNRS et l'Université de Paris X.

2. Voir : Breton, *Manifestes du surréalisme*, Coll. « Idées », NRF, Gallimard, 1970, p. 175.

3. Cf. *Marelle*, Gallimard, 1970, trad. Laure Guille-Bataillon, p. 89

4. Voir : Breton, *Manifestes du surréalisme*, *op. cit.*, p. 174.

5. Voir : *Dictionnaire général du surréalisme*, PUF, 1992, p.191.

6. Voir : « Galeria de Arte en la obra de J. Cortázar », *Cuadernos Hispanoamericanos,* n° 364-366, Madrid, 1980, p. 624-639. Il semble que pendant un certain temps seul Figari (Uruguay), et Petorutti (Argentine) retinrent formellement son attention. La situation devait changer radicalement dans la partie finale de son œuvre avec les références constantes et soutenues à Leopoldo Novoa, Julio Silva, Luis Tomasello, Jacobo Borges, Leonardo Niermann, Juan Soriano et aux Espagnols Remedios Varo, Antoní Tapié, Antoní Taulé, Antonio Souza entre autres.

7. Voir : *Dictionnaire général du surréalisme*, *op. cit.* p. 266.

8. Cf. TMQS, Cortázar, *op. cit.*, p. 20.

9. *Marelle*, Paris, Gallimard, 1966, p. 33-34.

10. *Ibid.*, p. 78

11. Voir : Gallimard, Paris, 1965. La première édition date de 1928.

12. *Ibid.*, *op. cit.*, p. 79.

13. Entretien avec Marcel Bélanger dans Radio Canada, 1980.

14. *Marelle*, *op. cit.*, p. 398.

2. L'INVASION FANTASTIQUE DANS « MAISON OCCUPÉE » OU LES ORIGINES DU SYSTÈME LITTÉRAIRE DE J. CORTÁZAR

A) *La monstruosité labyrinthique comme présence ontologique indéterminée*

En 1946, après de multiples hésitations, Julio Cortázar, alors jeune écrivain inconnu, décida d'envoyer un conte bref, qu'il avait écrit depuis peu, s'intitulant *Maison occupée*, au déjà célèbre Jorge Luis Borges. Fasciné par l'étonnante qualité du texte, par l'ambiguïté et le mystère transparaissant dans toutes ces pages, ce dernier décida de le publier presque sur-le-champ dans la revue qu'il dirigeait à Buenos Aires [1]. Ce fut l'une des rares occasions où ces deux auteurs entrèrent en contact au cours de leur longue et riche vie littéraire. Leur parcours respectif les amena à se séparer bien plus souvent qu'à se rejoindre, et cela à de nombreux niveaux. Cependant, cette courte convergence nous semble être importante car elle fixe, d'une certaine manière, la naissance littéraire d'un grand écrivain que de pâles récits manquant d'envergure avaient pourtant déjà annoncée [2].

Le meilleur de ces contes est *Sorcière* dans lequel Paula, la protagoniste, peut rêver un homme et l'imposer à la réalité. Plus tard, elle élaborera une maison, ses meubles, ses objets.

Typique de la littérature gothique, la fin s'appuie sur la transparence progressive d'Esteban, le protagoniste masculin : on peut voir le canapé sur lequel il est assis à travers ses côtes.

Cela s'étend à la demeure qui se dilue et disparaît. Aussi, la veillée funèbre se conclut à travers champs :

> ...*Avec Paula et la chapelle ardente qui se dresse dans la campagne nue, sous la lune inévitable* [3].

Le conte *Les ruines circulaires* influença, quoique de manière imprécise, Cortázar lors de la rédaction du texte étudié. Le récit de Borges parut à trois reprises autour de 1944, date de publication de *Sorcière* dans *El correo literario*, à Buenos Aires [4]. De plus, le protagoniste de *Les ruines circulaires* est qualifié de « mage » au cours de sa gestation, de la même façon que Paula est une « sorcière » [5].

Il existe de nombreuses coïncidences entre *Sorcière* et les contes postérieurs : entre autres, l'obsession névrotique comme base initiale et impulsion secrète, le personnage qui tricote inlassablement, l'opposition espace aliéné/espace non aliéné. La plus importante d'entre elles est certainement la conception diffuse du fantastique ; dans ce cas, le merveilleux et le surnaturel ne laissent point percevoir le fantastique moderne tel qu'il apparaîtra à partir de *Bestiaire*. Celui-ci se fonde sur la subtile dialectique du jeu et de l'ambiguïté comme moyens parallèles pour atteindre la connaissance analogique, ainsi que la dichotomie raffinée des comportements humains où les limites de l'état de veille et du rêve tendent à s'effacer. De même, il opte pour la résolution des secrets de l'univers à travers l'analogie et l'instinct. Créant l'impression de fantastique et d'horreur, ces derniers sont liés aux phénomènes psychiques en faisant allusion, fondamentalement, aux processus de répression psychologique.

Le premier grand conte de Cortázar est effectivement *Maison occupée*. Il a été étudié avec attention ces dernières années et il est considéré comme un chef-d'œuvre du récit fantastique moderne [6]. Nous pourrions affirmer que, en quelque sorte, toute son œuvre ultérieure s'y trouve condensée et exposée. Développée longuement dans ses ouvrages ultérieurs, même la notion de *marelle* comme labyrinthe familial y est présente : la très particulière disposition des pièces de la maison, au fond de laquelle le bruit s'installe, tend à le démontrer.

La critique en a si souvent cité et résumé l'histoire qu'il nous semble presque superflu de l'évoquer une fois de plus. Nous le ferons cependant pour en souligner les aspects les plus essentiels. Elle met en scène un frère et une sœur âgés d'environ quarante ans, qui vivent dans la demeure de leurs ancêtres à Buenos Aires. La limite de leur territoire est marquée par l'avenue Rodríguez Peña. Le personnage masculin emploie son temps à lire et le protagoniste féminin tricote continuellement différents vêtements. Ils reçoivent une rente de la propriété terrienne, lointaine, qui leur appartient par héritage. Alors qu'ils mènent une vie tranquille, un bruit s'installe soudain dans les pièces de la maison qui ne sont point occupées. En fermant les portes des chambres intérieures, les deux personnages ignorent ce fait et continuent à avoir une existence paisible. Plus tard, ils se rendent compte, avec une horreur croissante, que le son se rapproche en prenant possession de nouvelles pièces. Celles-ci sont condamnées progressivement par les protagonistes qui tentent de contenir ainsi l'avancée du bruit. Leur espace vital se réduit de manière dramatique jusqu'à ce qu'une nuit terrifiante, lorsque la proximité du son les menace directement, ils se sauvent *in extremis* en abandonnant leur demeure. Si les livres du frère sont laissés sur place, le tricot reste dans les mains d'Irène. Elle l'emporte dans sa fuite en délaissant pourtant, de façon très suggestive, le fil de laine à l'intérieur de la maison. Le narrateur prend sa sœur par la taille ; il s'échappe avec elle en refermant la porte derrière lui et en jetant la clef dans l'égout.

Cette situation narrative est idéale en ce sens qu'elle pousse les critiques à élaborer toute sorte d'interprétations, fantaisistes le plus souvent, pour expliquer l'origine et la consistance d'un tel bruit. Cependant, ils ne prennent garde à ce qui est primordial : en fait, le refus de définir ontologiquement la présence menaçante fonde la vision cortazarienne en 1946. Jusqu'à présent, non moins de onze « versions » différentes ont été émises pour déterminer la nature de ce son. Ainsi, selon Sebreli, il s'agit d'une « *allégorie* » du péronisme, mouvement politique qui prenait toute son ampleur ces années-là. García Canclini penche pour l'objectivation de la notion de culpabilité face à l'inceste latent qui imbibe tout le récit, le narrateur qualifiant le rapport frère/sœur de : « *silencieux et simple couple de frères* ». Un critique nord-américain a, lui, parlé d'un : « *isolement national* (sic) *de l'Amérique latine entière résultant de la seconde guerre mondiale* ».

Pour d'autres, il symbolise les restes décomposés de l'oligarchie argentine. D'autres encore, comme Malva Filer, y perçoivent l'idée de limitation de la liberté intérieure de l'être humain. Graciela de Sola est de ceux qui l'associent à « une expression de la peur de l'inconnu ». A ce propos, García Canclini lui-même revient à l'attaque en l'identifiant à la censure et à la médisance du voisinage : caractéristiques d'une petite communauté pétrie de préjugés, elles se trouvaient déjà dans *Sorcière*. Selon Jean Ardreu, il s'agit d'un labyrinthe inversé ou d'une expulsion fœtale du ventre maternel.

Michèle Ramond offre quant à elle une brillante analyse, peut-être quelque peu excessive, de *Maison occupée*. La comparant métaphoriquement à la production littéraire, elle identifie la maison à un intestin avec la double fonction nutritive et excrémentielle. Représenté par les livres ainsi que par le tissu textuel et symbolique, ce discours narratif reste curieusement prisonnier de la maison hantée. L'un des plus importants critiques, Jaime Alazraki refuse quant à lui de définir l'origine du bruit, cet aspect lui semblant étranger au récit. Toutefois, il ne peut éviter d'ajouter sa propre version des faits à toutes les autres : il adopte celle biblique de l'expulsion du Paradis d'Adam et Eve [7].

Dans notre tentative d'élaborer une classification systématique, le premier modèle proposé dans cet essai ne peut se confirmer que dans la relation entre *Maison occupée* et les contes de Cortázar formant une série commune. Origine du conflit et provoquant le phénomène fantastique, le « bruit » permet d'établir un rapport étroit avec d'autres récits dans lesquels une configuration structurelle similaire se fonde également sur la notion d'étrange, d'insolite ou de menace. Ainsi, en tant qu'invasion de l'étrange ou du monstrueux dans la normalité quotidienne ou familiale, le

« bruit » de *Maison occupée* correspond, dans un conte ultérieur intitulé *Autobus*, à l'existence soudaine de comportements violents chez le chauffeur et les passagers vis-à-vis de Clara et de son accompagnateur.

Ces deux textes de *Bestiaire*, ainsi que d'autres récits sur lesquels nous reviendrons plus avant dans cette étude, reprennent, nous semble-t-il, un schéma semblable. Ils réitèrent la présence d'un lieu fermé à l'intérieur duquel se développe une forme de vie banale. Une menace s'y installe, entraînant l'irruption de l'étrange ou de l'insolite. Elle implique l'expulsion de l'un ou de plusieurs personnages, ces derniers assumant involontairement, transitoirement ou bien de manière définitivement tragique, le rôle de victimes [8].

La promenade prétend renouer avec les indéterminations ontologiques que nous avons déjà signalées. Cependant, cela ne doit pas nous induire en erreur car ce récit est, par rapport à celles-ci, très postérieur puisqu'il appartient à la seconde édition de *Fin d'un jeu* publiée en 1964. *La promenade* met en scène également un enfant, qui doit aller se promener avec quelqu'un ou quelque chose à la demande de ses parents, après avoir déjeuné. L'acceptation tacite de l'enfant ne dissimule point le fait qu'il s'agit d'une présence menaçante liée à une certaine forme d'animalité ou d'anomalie : en effet, l'enfant ne souhaite pas se déplacer publiquement avec ce « personnage ». Lorsqu'ils l'ont sorti la dernière fois pour marcher sur le trottoir, celui-ci a été terrible – bien qu'il ne soit rien précisé à ce propos – avec le chat de la famille voisine. Il réunit donc des traits humains et, à la fois, des aspects de bête. Par exemple, il a des cheveux gris sur le front et il aime à patauger dans les flaques d'eau. Une tendance irrationnelle le fait se jeter par les fenêtres. Il aime manger des cacahuètes et des bonbons. Cet être n'est jamais décrit par le narrateur ; pourtant, il n'en est pas moins très concrétisé par son existence animale, le protagoniste l'emmenant pour le promener au centre de la ville.

L'imprécision et l'indétermination ontologique se réduisent ainsi à la nomination, à la formule signifiante du discours ; l'hybridisme évident de ce « personnage » le rapproche bien plus des « mancuspies » datant de 1951 que

35

d'autres formes de monstruosité liées au vide ontologique déjà mentionné.

Dans ces trois récits, comme la critique l'a indiqué à maintes reprises, la conduite des victimes est définie par leur manque d'intérêt à rechercher et à affronter l'origine monstrueuse de l'invasion menaçante. Elles ne ressentent pas non plus le besoin de trouver le code qui permettra de « lire » l'énigme, le tissu conductuel qui mène à la constitution d'un ordre fermé. Ce dernier se matérialise aussi bien en une maison qu'en un autobus ou, comme nous le verrons par la suite, en un appartement, une propriété terrienne, etc. Il est associé au déclenchement d'un processus inexorable qui implique la rupture d'un ordre établi.

Il nous semble que ce serait une erreur, comme cela l'est dans le cas de *Maison occupée*, que de tenter de donner une explication à l'agressivité et à la brutalité du chauffeur, du receveur et des passagers de *Autobus*. Alors que l'autobus passe près du cimetière principal de la ville et, qui plus est, un dimanche, l'achat des fleurs par Clara et par le jeune homme peut être interprété comme le fait permettant leur identification au reste des passagers. Cela fait donc entrer les choses dans l'ordre établi et disparaître la violence. Il faut noter, cependant, qu'il n'est jamais précisé que les deux jeunes gens ont été transformés en victimes parce qu'ils étaient auparavant les seuls à ne pas porter de fleurs. Dans le même sens, on ne peut définir la véritable nature de l'existence d'un être aussi élusif que celui de *La promenade*.

B) Le labyrinthe intérieur

Nous découvrons les moments marquants au cours desquels l'œuvre de Cortázar s'érige en système fantastique. Elaboré parallèlement aux trois contes que nous avons commentés ci-dessus, la parution du long poème dramatique intitulé *Les rois* en constitue une étape importante. Publié entre octobre et décembre 1947 dans la revue *Anales de Buenos Aires*, il utilise le mythe du Minotaure et de Thésée en inversant les rôles [9]. *Les rois* annule ainsi l'opposition

36

entre vainqueur et vaincu ; de plus, Ariane y est plus proche du Minotaure que de Thésée.

Cet aspect est probablement lié à la parution dans la même revue, quelques mois auparavant, du conte *La maison d'Asterion* de Borges [10]. En effet, ce dernier inaugure le renversement des fonctions dans le traitement du mythe classique en langue espagnole. Cependant, l'apparition des *Rois* est capitale en ce sens qu'il permet à Cortázar de donner un traitement différent au thème du labyrinthe. Ce dernier est représenté comme une sorte de continent de l'esprit humain, et les personnages qui y déambulent sont des incarnations de la répression du psychisme. N'oublions point que, dans quelques contes suivants comme *Maison occupée* et *Autobus*, les arcanes de symbolisation qui leur servent de fondement vont être peu à peu dévoilés. Ainsi, dans *Céphalée,* il est affirmé : « Mais c'est la maison qui est notre tête » [11].

Le protagoniste de *Maison occupée* passe son temps à rechercher des livres français dans les librairies de Buenos Aires ; sa frustration croissante résulte de ce que « depuis 1939, il ne nous parvenait plus rien qui vaille » [12]. La dénonciation de l'« afrancesamiento » à travers ce véritable et ultime représentant de la fin d'une « race », qui semble appartenir à une souche traditionnelle liée aux grandes familles agraires, n'est point suffisante. Outre la reconnaissance du cosmopolitisme de vastes secteurs de la vie sociale de Buenos Aires, une grande part de la critique se centre sur l'abandon, à cause de la guerre, des modèles européens qui donnaient vie à une tradition culturelle prestigieuse. A cette dernière appartient l'image du Minotaure dans son labyrinthe mental ; en effet, les littératures d'avant-garde, que Cortázar connaissait bien, se l'étaient appropriée.

Les implications psychiques de ce thème s'érigent à travers l'idée du mal repoussé dans l'inconscient du dédale, ainsi que la revalorisation de la lutte spirituelle contre la violence folle. Elles s'accomplissent dans la représentation du combat pour la lumière contre l'obscurité. Nous la retrouvons dans l'une des gravures de Picasso où la petite fille éclaire le chemin sombre du Minotaure à demi aveugle ; son unique guide possible est donc l'enfant innocente et pure qui tient à la main la bougie aux reflets rayonnants. Ce système de références idéologico-textuelles est justement, en grande partie, ce qui n'arrivait plus jusqu'à Buenos Aires en 1939. Grâce à une tradition culturelle, ce système exprime la notion d'un espace non aliéné qui, à la manière de la maison « profonde et silencieuse », ne recueille point le grondement destructeur, et nous pourrions dire presque « fascisant », de ces années-là. Ce n'est pas un hasard si, en Europe, les activités liées à cette nouvelle version du mythe du labyrinthe se développèrent durant la décade précédant la seconde guerre mondiale. Entre février 1933 et mai 1939, Skira publia les douze numéros de la revue *Minotaure* dont la première couverture reproduisait précisément une œuvre de Picasso. Elle reçut la collaboration de Brauner, Chirico, Arp, Dali, Man Ray, Tanguy, Matta, Ernst, Klee, Diego Rivera et de bien d'autres. Son contenu apparaît, par là même, associé à l'expérimentation des Arts, à l'idée de la liberté et de l'exploration de l'inconscient. Picasso lui-même développa le thème du Minotaure dans quinze des quatre-vingt-douze eaux-fortes de la suite Vollard. Il y montre la nouvelle distribution des rôles des personnages mythiques : non seulement le Monstre y surgit comme un aveugle aidé par une enfant tenant une bougie à la main, mais aussi Thésée y est transformé en une très belle femme.

Cette période de l'art occidental est extraordinairement riche. Menacée par la guerre, elle va déboucher, telle une « somme » de l'intertextualité artistique à laquelle peuvent arriver les modèles, sur *Guernica*. Dans ce tableau, la démesure assassine est liée aux motifs du labyrinthe qui sont produits à « *l'intérieur d'une pièce envahie par la destruction et le bruit de la guerre* ». Cependant, dans *Guernica*, le bruit ou plutôt la menace, qui affleure par le toit disloqué de la maison, est une figure presque rhétorique. Elle installe l'irrationnel de l'Histoire au sein de l'homme, à l'intérieur de la pièce qui réunit victimes et bourreaux. Elle inclut également son propre système d'écriture, comme le montre l'imitation de la transcription graphique de journaux qui envahissent tout le tableau-paradigme de Picasso.

De même tous les éléments utilisés par Cortázar pour désigner la perte de l'espace homogène de la littérature font pourtant allusion à ce même espace et finissent par l'intégrer. Elle n'apparaît point telle une donnée démonstrative mais telle une figure artistique du nouveau sens de l'écriture et de la lecture. Le « bruit » de *Maison occupée* se transforme ainsi en un agent direct du fantastique sous la forme d'une figure rhétorique.

C) *Les éléments formateurs de l'invasion fantastique : la métaphore sans référent*

La métaphore sans référent constitue l'indication textuelle d'un sens conflictif polyvalent, omphalos parfait d'un monde privé et final. Cependant, il ne s'agit pas du seul texte où elle intervient. En effet, cette modalité métaphorique qui a fait disparaître l'identification des symboles forme l'axe de nombreux ouvrages depuis la tradition littéraire en vigueur au XIXe siècle, transformée ensuite au XXe siècle.

Nous pourrions en donner quelques exemples tirés de cette production narrative. Ainsi, *Qui sait ?* de Maupassant se déroule dans une demeure traditionnelle qui est perturbée par l'intervention d'énergies occultes. Dans *Le terrier* de Kafka, une sorte de galerie parabolique, caractéristique de l'auteur, est soudainement hantée par un bruit terrifiant. Plus récent, *Bâtisseur d'empire* de Boris Vian utilise également la présence d'un son inexplicable qui menace de destruction tous les éléments rationnels de l'univers. Dans un autre ordre de choses, le film de Luis Buñuel, *L'ange exterminateur*, met en scène des forces secrètes, énigmatiques et exterminatrices qui empêchent un groupe de grands bourgeois mexicains de sortir de la salle où ils donnent une fête somptueuse. Finalement, ils en seront expulsés mystérieusement et jetés à la rue. Celle-ci s'appelle très ironiquement « rue de la Providence » ; en outre elle est déserte et silencieuse.

Nous avons ainsi le soupçon que Cortázar ne fait que s'insérer, d'une façon qui lui est particulière, dans une longue tradition littéraire et artistique. Il faut rappeler en ce sens la passion que l'auteur éprouvait, dans son enfance, pour Edgar

Allan Poe. Il lisait son œuvre la nuit et presque clandestinement lorsqu'il était âgé de neuf ou dix ans. Ce modèle est très important pour l'écrivain argentin ; plus spécifiquement, *La chute de la maison Usher* constitua un véritable paradigme par rapport à *Maison occupée* [13].

Une comparaison entre ces deux contes révèle qu'ils coïncident de manière extraordinaire dans l'utilisation des thèmes et des motifs liés à la bâtisse et à sa menaçante invasion. Mais ils présentent également des divergences qui surgissent en relation au trope traditionnel de la littérature fantastique qu'est « la maison hantée » ou « ensorcelée » ; ce dernier est un lieu commun de la littérature gothique. Ainsi, par exemple, chacune des demeures des récits de Poe et de Cortázar indique les traces d'une splendeur qui n'est plus, le passé étant vu comme décadent dans le présent de la narration. Aussi, le lac qui entoure la résidence d'Usher – est pestilentiel ; la critique l'a généralement associé au sentiment de culpabilité où baigne tout le récit. De même dans *Maison occupée*, la poussière de la ville pose sur les meubles de la demeure une patine d'usure contre laquelle les frères tentent de lutter comme ils peuvent. En d'autres termes chacune des deux maisons constitue un microcosme qui d'une certaine manière reproduit et inclut le monde externe. Tout en intégrant des signes montrant l'« anormalité », elles n'insistent pas initialement sur la nature du sortilège.

A l'activité de lecture et au contrôle de la collection philatélique propres au narrateur répond le tricot incessant d'Irène-Ariane dans le récit cortazarien. Chez Poe le tableau peint par Usher qui représente une crypte fermée dotée d'une lumière intérieure propre s'y oppose. Il fonctionne comme une sorte de réplique illuminante de la démesure décadente se présentant dans un état de décomposition. De même, le poème intitulé *Le palais hanté* que compose Usher met en scène un monarque qui, après avoir vécu une époque heureuse, sera peu à peu détruit par l'invasion de forces étranges. Cela reflète exactement ce qui se produit dans la propre résidence d'Usher, devenant de cette manière la modalité épiphanique caractéristique de Poe.

De plus, il est évident que Roderick Usher et sa sœur lady Madeline Usher sont proches du frère et de la sœur de

Maison occupée. Cortázar reconnut à la fin de sa vie, dans un texte paru le 19 février 1984 dans le journal vénézuélien *El Nacional*, que tant la rue Morgue que le chat noir et lady Madeline exercèrent sur toute son enfance une fascination et une terreur qui le firent tomber malade durant des mois. Il déclara à ce propos : « ...Je ne m'en suis pas encore totalement remis ».

Les couples de frère et sœur des deux récits sont l'un et l'autre les descendants d'une longue généalogie ; ils sont des personnages passifs et jouent le rôle de victimes. L'ambiguïté de la relation entre Irène et son frère est annoncée dans le rapport liant les Usher. Dans le conte de Poe, le lecteur ne peut savoir avec certitude si Roderick ensevelit sa sœur vivante à cause de la culpabilité d'un inceste latent ; l'un des thèmes chers à cet auteur, celui de l'enterré vif, apparaît ainsi. Plus décisif encore est le fait qu'Usher entend également un bruit sourd de l'autre côté de la porte. Le son inexplicable et inexpliqué est l'augure du dénouement dramatique.

Cortázar et Poe élaborent chacun une version particulière mais néanmoins concordante de l'*irruption mystérieuse*. Ne pouvant être éclaircie, celle-ci reconnaît cependant l'ambivalence essentielle du monde moderne et établit la multiplicité de la lecture virtuelle comme fondation de son explication en incluant l'allégorique, le psychologique et l'automatique comme ingrédients possibles du fantastique. Telle est donc la naissance de l'intense système littéraire cortazarien d'interprétation de l'univers et telle est sa pleine insertion dans une illustre tradition artistique.

D) *Théorie des pulsions et apparition de l'animalité*

Les premières déclarations de Cortázar à Jean Andreu, qui datent de 1968, nous informent sur la genèse « névrotique » des contes de *Bestiaire*. De même, elles soulignent le rapport entre l'onirisme cauchemardesque, certaines formes d'angoisse et l'utilisation du bestiaire comme incarnation de l'animalité. Ainsi, *Lettre à une amie en voyage* se trouve être lié à la notion de nausée ; *Céphalée* est uni à la

41

fatigue visuelle et à des associations mentales absurdes qui accompagnent cette dernière. *Circé* est le produit d'un épuisement et de la crainte de trouver des petites bêtes dans la soupe, cela étant le cas inversé pour le personnage de Paula dans *Sorcière*.

Cortázar lui-même donna le nom de « pulsions » à ces forces intérieures dans lesquelles s'exprime l'activité de l'inconscient mêlée au souvenir culturel et à l'exacerbation de type névrotique.

Nous distinguons quatre séries initiales qui ne sont séparées que par le commentaire critique, car elles se présentent toujours profondément imbriquées l'une dans l'autre tout au long de la production littéraire de Cortázar. Elles sont évidemment liées étroitement avec la théorie des pulsions dont parle l'auteur et elles ne se caractérisent que par leur niveau d'indétermination ou de représentation symbolique. Dans la première de celles-ci, les bruits, les regards ou tous signes présentant l'invasion fantastique ne peuvent en aucun cas éclaircir l'origine de la menace dans la fiction littéraire. Celle-ci reste circonscrite à un niveau liminaire de la compréhension rationnelle, de telle manière que l'angoisse de persécution, de type onirique, s'objectivise en une sorte de figure porteuse de la « fantasticité ».

Nous croyons percevoir ces caractéristiques dans trois récits de Cortázar. L'invasion fantastique, dont le centre apparaît dissout ontologiquement ou bien non formulé fonde non seulement *Maison occupée* mais aussi *Autobus*, qui appartiennent au recueil *Bestiaire* publié en 1951, ainsi que *La promenade* du volume *Fin d'un jeu* (1964), comme nous l'avions déjà précisé.

3. LA NOTION DE MONSTRUOSITÉ INCARNÉE DANS LE «BESTIAIRE»

Dans la seconde série, la présence de l'« autre » menaçant se constitue autour de notions spécifiques au mal. Celui-ci est compris comme une forme d'animalité ; Cortázar reconnut cet aspect particulier dans l'entrevue qu'il accorda à Marcel Bélanger en 1980, et à laquelle nous avons déjà fait allusion. Il y précise que son rapport au règne animal est, depuis son enfance, fort ambigu ; il souligne le fait que les insectes, les coléoptères, les fourmis, les abeilles représentent pour lui l'altérité absolue. En effet, il est impossible de communiquer avec eux, alors qu'il se produit parfois le contraire avec chats, chiens et chevaux. Cortázar conclut en affirmant :

> Je méprise assez le règne végétal, parce que l'incommunicabilité est totale, tandis qu'avec les animaux, même ceux qui sont les plus éloignés de moi, je partage le fait de me nourrir, de digérer, de manger, etc.[14]

Les *pulsions* cortazariennes poussent un certain malaise, qui est lié à l'inconscient, à se manifester. De même que dans l'œuvre de Edgar Allan Poe elles incluent une diffuse et oppressante objectivation de la notion de culpabilité dans laquelle l'ingrédient érotique est fondamental. Elles établissent également une relation particulière avec le bestiaire qui devient ainsi l'expression des forces qui le composent. Cortázar lui-même en révéla la clef déterminante dans l'un de ses textes tardifs que la critique n'a point remarqué jusqu'à présent. Nous le croyons pourtant très important. Aussi, nous en citons un passage dans lequel la nature de l'onirique est représentée par des léopards qui sont la raison même du rêve. Une fois celui-ci dissipé par le réveil, il est impossible d'identifier la véritable bête qui s'y trouvait mise en scène. Il ajoute :

> *Est-ce que le rêve a un but et ce but n'est-il pas la bête ? A quoi répond le fait de dissimuler à maintes reprises son véritable nom : sexe, mère, taille, inceste, bégaiement, sodomie ? Pourquoi, si le rêve sert à montrer finalement la bête ? Mais non, le rêve sert alors pour que les léopards continuent leur spirale interminable et laissent seulement une apparence de clairière dans la forêt, une forme recroquevillée, une odeur stagnante. Leur manque d'efficacité est un châtiment et peut-être une avancée vers l'enfer ; on n'arrivera jamais à savoir si la bête mettra en pièces les léopards, si elle atteindra en rugissant les aiguilles à tricoter de la tante qui fit cette étrange caresse pendant qu'elle lui lavait les cuisses, un après-midi dans la maison de campagne dans les années vingt* [15].

Ainsi, le système littéraire de Julio Cortázar se lie à la notion du fantastique en tant que manifestation de l'étrange et des forces que l'inconscient libère. Le sentiment d'horreur y surgit associé aussi à la fascination que produit l'irrationnel, et à son objectivation en un bestiaire intérieur qui a une tradition illustre au XXème siècle.

A) L'invasion fantastique dans trois contes ultérieurs

Une évolution peut être observée dans ce modèle d'analyse, que nous désignons par le numéro 3A et qui dérive directement de celui qui lui est antérieur. En effet, sa principale dimension est la concrétisation de l'étrange, de l'insolite ou de la menace, ainsi que la dramatisation de la notion d'expulsion, d'exclusion ou de privation qui peut amener à la mort ou au suicide. C'est le cas de *Céphalée, Bestiaire* et *Lettre à une amie en voyage.*

Céphalée atteignit un degré supérieur d'élaboration en ce qui concerne la présence menaçante. A la manière d'un objectif qui semble être initialement flou et éloigné de son but, et qui, si on le fait pivoter, peut être réglé afin de rendre l'image plus nette, ce conte offre une idée plus précise de la notion du monstrueux ou de l'anormal grâce à l'apparition des « mancuspies » hurlant en permanence autour de la maison. Le titre même du récit fait allusion à certains phénomènes psychiques puisqu'il renvoie au terme scientifique désignant des maux de tête aigus.

De plus, dès l'épigraphe choisie par Cortázar, il se trouve placé dans une zone intermédiaire, si caractéristique du métalangage, qui est celle de l'homéopathie. En effet, un article publié, probablement dans une revue homéopathique de la capitale, est cité comme origine du titre du conte. Qui plus est, Cortázar commençait alors à travailler sur une idée qui allait acquérir une grande importance dans sa production au cours des années suivantes. Selon lui, la science ou la métascience ne sont opposées à la connaissance poétique que dans la mesure où elles renoncent à la possibilité analogique comme force active de transformation, comme instrument de pénétration de la réalité, comme « sens spirituel » ou activité propre à l'homme. Au fond, le créateur artistique utilise le même genre de relations symboliques que celui dont se servent aussi bien le sorcier primitif que les mathématiques modernes. Dans un monde où, pour diverses raisons, chaque chose tente d'être le symbole d'une autre, Cortázar cherche à indiquer la proximité de ce qui est établi par Lévy-Brühl lorsque ce dernier parle d'« identités de participation » [16]. La critique et l'ironie qui se manifestent par rapport aux termes scientifiques indiquent qu'il est possible de les employer également dans un sens poétique libérateur.

Céphalée est un conte où la non-définition ontologique du bruit (*Maison occupée*) et l'imprécision originelle de la menace (*Autobus*) s'unissent pour se manifester à travers les « mancuspies ». Ces êtres fantastiques sont à la fois omniprésents et indéfinis. En effet, ce sont des animaux qui possèdent les mêmes caractéristiques que les oiseaux en vivant dans des cages, celles-ci se transformant ensuite en basse-cour. Ils se nourrissent d'avoine mais leurs petits sont

45

des mammifères puisqu'ils passent par une période de lactation. Il faut les tondre à une époque précise de l'année, comme les moutons ; cependant, à la différence de ces derniers, la tondaison ne s'opère que sur l'échine des mancuspies. De plus, leurs poils sont jaunes et fins comme s'il s'agissait d'un plumage plutôt que d'un pelage. Lorsque l'une d'entre elles tombe malade, on lui donne des médicaments en lui ouvrant le bec et non pas la gueule ou bien le gosier, comme nous serions tentés de le penser. Ces animaux hululent ; mais ils hurlent aussi durant la nuit comme des loups, en assiégeant la maison qui est au centre du conte.

L'ambiguïté totale des mancuspies dissimule en fait l'objectivation d'un mal de tête. Cependant, c'est également l'expression du populaire et du rural opposé au scientifique et au citadin, comme le prouve la seconde partie de l'épigraphe. En effet, à travers la citation d'un dénommé Ireneo Fernando Cruz, Cortázar a fait pour la première fois une incursion dans l'univers des « piantados » (fous) qui possèdent un savoir paralogique se détournant de la connaissance rationnelle [17].

Ainsi, des niveaux dissemblables s'organisent à partir de l'énoncé et de sa remise en question qui crée l'énonciation. Par exemple, l'espace de *Maison occupée* et de *Autobus* est d'un genre réaliste identique à celui de *Céphalée* ainsi que ceux des autres contes de ce groupe. Cependant, dans ce dernier récit, la demeure est plus particulièrement identifiée à une tête : les mancuspies confondues aux douleurs qui, montant par la colonne vertébrale, s'installent dans le crâne. Comme les autres textes étudiés, *Céphalée* peut également être lu de différentes manières. Sans doute l'interprétation la moins littérale et la plus profonde à la fois est-elle celle qui tend à assimiler le langage de l'énonciation à la recherche d'une ouverture du discours vers une fonction plus active du lecteur. Elle privilégie aussi l'énoncé et les métaphores fantastiques qui le concrétisent comme le résultat d'un processus. Ce dernier cherche à fonder sa propre conscience autoréflexive pour faire allusion à une réalité non moins authentique mais moins visible.

Les deux autres contes du groupe que nous analysons laissent une moindre place au manque de définitions, aux absences et aux ambiguïtés ontologiques étudiées jusqu'à présent. Il s'agit de *Bestiaire*, qui donne son titre au volume, et de *Lettre à une amie en voyage* ; ce dernier ayant été abondamment examiné par la critique, nous nous dispenserons d'en faire une analyse exhaustive [18]. Nous nous contenterons d'avancer que le schéma proposé précédemment se confirme dans ce récit. Tous les éléments structuraux s'y répètent avec intensité. En effet, l'ordre fermé y est symbolisé par l'appartement à Buenos Aires ; le vomissement régulier de petits lapins par le narrateur renvoie à l'invasion de l'insolite. La condition de victime et le suicide du protagoniste sont les marques de l'expulsion ou de la privation ; le dénouement tragique qui mène le personnage à la mort, comme dans *Bestiaire*, réitère une situation portée à sa limite par le sacrifié.

Mais ce n'est pas tout et la critique n'a point exploré jusqu'à ce jour d'autres voies. En effet il est possible de mettre en rapport la bouche – c'est-à-dire l'oralité, la digestion, l'appétit – avec la sexualité, l'une étant l'image inversée de l'autre. Dans *Genseits des Lustprinzips* (1920) et plus tard dans *Trois essais sur la théorie de la sexualité* (1923), Freud nous montre qu'à travers l'acte d'absorption vorace il se produit une égalisation entre ventre sexuel et ventre digestif. Au Paradis, Eve mange avec avidité la pomme car son ventre dévorateur cherche la perpétuation de l'espèce humaine. Une bouche ou une gorge qui expulse (des lapins) implique jusqu'à un certain point un phénomène opposé : le refus de la mastication est en fait le rejet du labyrinthe digestif, de l'assimilation. Aussi, pourrions-nous établir un schéma qui indiquera la hiérarchisation de ce processus :

Niveau supérieur	bouche	acte de vomir	lapins détruisant appartement	incitation au suicide	stérilité
Niveau inférieur	organes sexuels	acte sexuel	le sperme augmentant l'espèce	incitation à la vie	fécondité

Ainsi, la terreur d'être expulsé d'une maison ou bien d'un autobus ou, comme dans un récit de jeunesse, la peur de trouver une mouche dans la soupe, pourrait représenter la frayeur de la matérialisation de forces liées à la mort et à la stérilité [19].

Bestiaire est donc le texte qui permet de clore le deuxième groupe. A un niveau des plus spécifiques et explicites, il rapporte un cas d'invasion menaçante au sein d'un groupe, qui occupe une enceinte privée. L'extraordinaire cohérence de Cortázar ne cesse de nous fasciner : en effet, son premier volume de *Bestiaire* développe intensément, à l'exception de deux récits qui ouvrent des séries différentes, un modèle de narration fantastique qui se fonde sur l'exploration du monstrueux et de l'insolite à travers la symbolisation d'un bestiaire intérieur.

Dans *Bestiaire*, un tigre se promène dans la maison appelée « Los Horneros ». Il finit par tuer René qui poursuivait Rema de ses assiduités de manière voilée mais insistante. Ce meurtre coïncide avec les désirs d'Isabelle, dont la perspective, ou point de vue, est prise en charge par le narrateur ; ce personnage souhaitait éliminer René à cause justement de l'intérêt que ce dernier portait à Rema. Un triangle est ainsi formé et l'un de ses angles est occupé par cette adolescente qui s'initie à l'existence adulte. L'un des facteurs déclenchant la narration est l'« incapacité » de la jeune fille à accepter les concessions qui relativisent la vie d'adulte. Le critique Mac Adam en conclut fort justement que « La jeune fille peut donner une idée claire de ce qui se passe et elle est transformée en une partie du processus destructif au lieu d'en être victime » [20].

Ainsi, l'apparition du fantastique se concrétise dans l'objectivation de l'invasion menaçante en un tigre se déplaçant dans la demeure et sans qu'on puisse jamais le voir, alors que, dans les récits antérieurs, elle restait vague et diffuse. L'ambiguïté du récit repose dans le choix magistral du point de vue du narrateur, Isabelle, dont la restreinte capacité de compréhension de la réalité de la famille Funes continue d'assumer au niveau de l'énonciation l'ambivalence du reste des actions. La présence d'autres animaux et bestioles ne fait qu'y signaler le désir même de Cortázar de capter ce qui est difficilement communicable dans une structure réaliste et d'intégrer le lecteur dans une expérience autonome de lecture.

Aussi, la mante religieuse changeant de couleur – le seul insecte à pouvoir tourner la tête –, les petites bêtes désagréables virevoltant autour de la lumière d'une lampe, les escargots bleus et les fourmis dans leur terrible fourmilière sont autant d'instances prémonitoires de la transgression opérée par la présence du tigre. Cela prépare l'adhésion du lecteur à la rupture fantastique qui se matérialise en ce félin qui déambule dans l'hacienda argentine à l'intérieur de laquelle il mange un homme. En outre, la fourmilière se construit comme une reproduction fidèle – une métaphore dans la métaphore, pourrions-nous dire – de la propriété « Los Horneros », lieu fermé par excellence que domine le tigre menaçant. Cependant, cette suprématie ne peut mettre en danger l'espace de ces insectes malgré le fait qu'ils en constituent une réplique, comme le souligne la narration indirecte d'Isabelle qui emploie l'expression : « son monde à elle dans le monde des fourmis...» [21].

Ce qui est en jeu dans ce modèle évolutif de l'invasion de l'insolite, c'est la présence d'un déplacement progressif à l'intérieur du schéma *invasion/expulsion* ou *privation=victime*. S'initiant dans *Maison occupée*, il culminera non seulement dans l'association entre le « bruit » et le tigre mais aussi dans l'identification d'une victime, peu innocente cette fois-ci, désignée par l'adolescente dont l'ambiguïté est considérablement plus « pure » quoique se haussant à un désir différent. Celle-ci va inciter le châtiment d'un ordre fondé sur l'hypocrisie et la dissimulation, peut-être dans le but de donner naissance à : « un autre ordre du réel qui se situe de l'autre côté de l'expérience quotidienne », selon ce qu'affirmera plus tard l'écrivain lui-même [22].

Ainsi, la définition du prototype que nous avons établie constitue une réplique plus avancée du précédent modèle. Le trope d'indétermination ontologique y trouve le chemin initial de la figuration symbolique du bestiaire. Nous verrons plus avant comment cette incarnation de type épiphanique manifeste son évolution particulière dans certains des recueils ultérieurs de Cortázar.

B) *L'invasion fantastique et le bestiaire :* de Fin d'un jeu à Octaèdre *(1956-1974)*

Malgré son installation définitive à Paris, Cortázar continua de produire des textes qui auraient pu être intégrés, par leur ressemblance, au volume *Bestiaire*. En effet, il s'agit de récits directement liés à la vie qu'il eut à Banfield, aux expériences qui marquèrent son enfance. Les éléments autobiographiques y sont parfois si forts qu'ils finissent par y diluer de manière considérable la présence du fantastique. Cette dernière se réduit bien souvent à un souffle diffus qui renvoie à la malignité ou à la vengeance, sans oublier les aspects répulsifs exprimés à travers de petites bêtes telles que fourmis ou araignées. L'auteur avait fait allusion à ce trait lors de son entrevue à Radio-Canada avec Marcel Bélanger : il y souligna sa permanente fascination/répulsion, éprouvée depuis sa plus tendre enfance à l'égard de ces animaux.

Tel est le cas d'un conte de 1956, intitulé *Les poisons*. La présence menaçante s'y réalise à travers la gigantesque invasion de fourmis dans la maison à Banfield. Ces insectes ont creusé des tunnels permettant de mieux atteindre les demeures du voisinage. Pour les tuer, il est fait appel à une machine et à l'élaboration d'un système de défense – en fait, un poison de couleur violette. Ces données donnent l'occasion au protagoniste-narrateur autobiographique de présenter la matière narrative en utilisant la perspective très limitée d'un enfant. Ce dernier entoure de mystère l'organisation de la lutte contre les fourmis ; il transforme le charmant conte infantile en un dangereux texte se fondant sur la vengeance. En effet, « le combat contre les terribles fourmis noires de Banfield... qui sont en train de tout manger » se métamorphose en la mort des plantes que provoque le narrateur pour répondre à la « trahison » de son amie et voisine, après la visite de l'un de ses cousins de la ville. Celle-ci préfère le cousin citadin à son très jeune voisin et admirateur. La vengeance de ce dernier consiste à canaliser le poison (de la vengeance métaphorique) à travers le venin qui tuera les fourmis et les plantes dans la maison d'à côté. Le titre au pluriel de ce récit prétend assimiler le labyrinthe des tunnels portant l'animalité au labyrinthe de la tête portant la monstruosité dans une forme de bestiaire intérieur.

Un peu moins de vingt ans après *Céphalée*, Cortázar produisit un conte, *C'est avec un légitime orgueil*, qui fut inclus dans le système symbolique de l'animalité à travers des êtres qui ne sont jamais décrits comme dans le récit de *Bestiaire*. Cependant, leur nom « mangostes » – de même que celui de « mancuspies » – cache un comportement anachronique quoique parfaitement réglé [23]. Il s'agit de fait d'une animalité réelle servant à exprimer une vision ironique des oppressions auxquelles l'homme est soumis. Elles sont le produit soit d'un mal de tête aigu, soit de la présence de feuilles mortes sur les tombes le jour des Morts et d'une société oppressive qui organise leur nettoyage.

En effet, les « mangostas » ne nettoient les feuilles mortes que par la stimulation produite par le seul rejet de l'essence de serpent que leur imposent les personnes âgées de cette société fantasmatique. Cette essence a la même fonction que la racine et l'exilir de la mandragore qui depuis l'Antiquité semblait être dotée de pouvoirs magiques, ressemblant à celle des humains. Dans ce monde final, gouverné par des cercueils et des tombes, la possession et l'application de l'essence ne mènent point à la félicité, à la richesse et à la santé – comme dans le cas de la mandragore – mais à la mort.

C'est avec un légitime orgueil est une version paraphrastique d'une nouvelle de l'écrivain anglais Rudyard Kipling, auteur admiré par Cortázar depuis son enfance. L'épigraphe du conte de Cortázar cache le secret de son origine : *in mémoriam K.* C'est l'hommage ironique adressé par Cortázar à l'auteur du *Livre de la jungle* et de la nouvelle « Rikki-Tikki-Tavi » dont le protagoniste est la mangouste dévoreuse de serpents et protectrice de la famille de Teddy, l'enfant qui l'a sauvée de son accident terrible.

Mangoustes Cortázar	jamais décrites	réagissent à la pulvérisation de l'essence de serpent	élevées et entraînées par un personnel technique	présence oppressante : « tout est codifié et préétabli »...
Mangoustes Kipling	minutieuse-ment décrites	réagissent seulement à la présence réelle de serpents	réaction de type instinctif	présence féerique

Tout est différent chez Cortázar et Kipling. L'optimisme positiviste de l'auteur anglais, son système de valeurs lié à l'idée de progrès, du matérialisme triomphant et sa glorification de la nature correspondent à l'idéologie du XIXème siècle. Chez Cortázar c'est l'ironie et la notion d'absurdité qui semblent dominantes face au désarroi de la civilisation du XXème siècle.

Été est un excellent récit publié en 1974 dans lequel Cortázar reprend le motif de l'invasion fantastique en lui donnant la forme d'un cheval menaçant. Celui-ci souhaite envahir, une nuit, la maison de vacances du couple des protagonistes alors que ces derniers y ont laissé seule la fille d'un ami. Bien que l'enfant laisse la porte ouverte, l'invasion terrifiante ne se produit pas dans ce conte. Il est fascinant d'observer combien ce motif évolue tout au long de l'œuvre de Cortázar et ce texte en constitue l'une des étapes. Les habitudes mécaniques et répétitives des deux personnages, Zulma et Mariano, y sont exposées ; fondant le récit lui-même, elles permettent de forger une réflexion sur la lassitude de l'existence quotidienne. Celle-ci est ainsi opposée à l'imagination. De façon plus imprécise, le rejet de la présence de l'enfant constitue également l'une des bases de la narration comme dans les autres cas, l'image du cheval menaçant peut être interprétée à des niveaux symboliques différents. Pourtant, ils restent tous excessifs car, une fois encore, l'animalité est l'incarnation symbolique de forces diffuses liées au mal, à la frustration produite par l'absence de maternité, à un complexe de culpabilité non déterminé. Cortázar en avança lui-même une justification névrotique dans les déclarations qu'il fit à Marcel Bélanger et que nous avons mentionnées à plusieurs reprises :

> *Tu sais que ça vient d'une hallucination visuelle, parce que près de la fenêtre de la maison d'été, un soir j'écoutais de la musique, de l'autre côté il n'y avait que les ténèbres de la campagne, du jardin, et à ce moment-là j'ai senti comme si, d'une seconde à l'autre, une grande tête de cheval blanc pouvait se précipiter contre la vitre et, si tu veux, me menacer de l'extérieur rien qu'en me regardant.*

La densité symbolique qu'atteint le cheval est bien plus grande que les propres déclarations de l'auteur ne le laissent entendre. En effet, le manque d'agressivité finale de la bête envers la fillette, malgré le fait que la porte du rez-de-chaussée reste ouverte, rapproche l'animal de l'Unicorne fantastique du Moyen-Age. Dans les *Bestiaires* de Richard de Fournival et de Beauvais, une jeune fille vierge et innocente est conduite dans la forêt où elle rencontre l'Unicorne qui en la voyant perd toute agressivité et s'endort dans ses bras. Celle-ci constitue la seule méthode pour le capturer. Telle est la transformation à laquelle on aboutit avec cet animal qui, comme le tigre, est le prototype de l'ogre dans le folklore. Rappelons à ce propos que Pégase surgit comme une apparition violente et nocturne du cou de Méduse décapitée.

Le récit *Été* est directement lié au conte *Metzengerstein* d'Edgar Allan Poe, et il nous semble surprenant que jusqu'à présent la critique l'ait oublié d'autant plus qu'il fut traduit par Cortázar lui-même. L'écrivain argentin réutilise les niveaux allégoriques de Poe : le pouvoir de l'hallucination visuelle et du cauchemar éveillé. Dans le texte de l'auteur nord-américain, ils sont liés à la tapisserie du château qui inclut la représentation du cheval qui envahira par la suite le monde de Metzengerstein. A la fin de ce conte, un incendie produit une gigantesque fumée qui laisse apparaître sur les remparts une figure colossale du même cheval terrible. Cortázar comme Poe met en relief le phénomène hallucinatoire qui déclenche la vision du cheval envahissant la nuit une maison ou un palais. Ainsi, la similitude entre le discours paranoïaque qui ne prend pas en compte les limites de la réalité et le discours fantastique prétendant les remplacer est consciente chez ces deux auteurs.

Dans le conte de Cortázar, le cheval blanc et désorbité provoque la possession bestiale de la part de l'homme, ceci étant une réponse transitoire et insuffisante au long manque de communication du couple. Quant à l'enfant, elle est un agent involontaire – comme Rema dans *Bestiaire* – de ce triomphe apparent de la bête comme manifestation de l'inconscient animal sur le spirituel. Mais, dans le fond, comme la jeune fille de l'Unicorne médiéval, le giron peut accueillir la dynamique de la libération spirituelle, au moins comme hypothèse du passage. Ceci montre l'évolution du motif dans l'œuvre de Cortázar et de la manière avec laquelle se déclenche le processus du désordre libérateur dans un ordre rigide et stéréotypé. Liée aux expressions des états intermédiaires entre la veille et le rêve, l'animalité symbolisée semblait être épuisée dans l'œuvre de Cortázar après son *Bestiaire* et *La porte condamnée* qui appartenait à la première édition de *Fin d'un jeu* (1956).

Cependant, de nombreuses années plus tard et presque à la fin de son long parcours littéraire, Cortázar la reprit en 1980 dans *Histoire avec des mygales* qui appartient au volume *Nous l'aimons tant, Glenda*. Dans ce conte, des personnages féminins chuchotent mystérieusement et terriblement à l'intérieur d'un « bungalow » d'un club de vacances dans les Caraïbes. La réapparition de ce bruit ambigu et incompréhensible la nuit qui suit leur départ, alors que la chambre est vide, en perpétue la terreur. Cortázar établit ainsi, pour la première fois, une relation directe avec le « bestiaire » latent, qui s'était développé différemment auparavant, en identifiant le couple équivoque des jeunes filles avec des araignées géantes du monde tropical désignées par le terme de « mygales ».

Ce récit dans lequel l'animalité est une forme sylleptique et projective de l'isolement du narrateur, puisque dans aucun cas la transformation effective de la bestialité n'est établie clairement, a pour principaux motifs structurants des éléments différents qui les rapprochent plus des textes tels que *La porte condamnée*, comme nous le verrons par la suite.

C) « *Sartasa* » ou la culmination de la série sur les formes de l'animalité

Dans les cas précédents, nous voyons qu'à travers l'invasion fantastique qui inclut l'insolite ou la menace dans le quotidien et sans que son origine ne soit parfois précisée, il se produit une expulsion d'une ou de plusieurs victimes en détruisant ainsi un ordre antérieur. Dans une étape ultérieure, se développeront autour certaines idées relatives à l'animalité, donnant ainsi naissance au bestiaire. Les schémas, qui concluent cette partie, le soulignent.

Cortázar termina cette série par un conte extraordinaire où toutes les modalités antérieures – depuis la présence menaçante jusqu'à l'incarnation du phénomène névrotique comprenant les tensions se rapportant à l'idée du mal et de l'incarnation animale – seront intégrées avec une valeur allégorique d'une intensité symbolique inconnue jusqu'alors. Dans ce récit, *Satarsa*, un groupe d'hommes dédient leur temps à chasser des rats géants, dans un lieu appelé Calagasta, pour les vendre à une compagnie qui les emploie peut-être à des fins scientifiques. Un autre type de rats surgit d'un autre monde en s'opposant à ces derniers et en étant symbolisés par le palindrome *satarsa* ou *atar a la rata* (attacher le rat) [24]. Signalons que l'écrivain était séduit par les jeux avec les mots et, déjà dans *La lointaine*, il nous offrait un palindrome : *Alina Reyes/es la reina y...* (elle est la reine et...).

55

Cette sorte de rongeurs désignés par le vocable créé de toutes pièces, *Satarsa*, est en fait l'incarnation de la répression militaire dans l'Argentine des années soixante-dix et de la torture qui l'accompagnait. Le critique Jaime Alazraki a souligné cet aspect de manière brillante dans son article *Les derniers contes de Julio Cortázar* :

> *Ce travail a clairement l'apparence d'un cauchemar. Ces rats sortis, en premier lieu, d'un palindrome puis convertis en créatures répugnantes et menaçantes (elles ont dévoré la main de Laurita et le corps du vieux Millan) acquièrent finalement leur véritable identité : ce sont les rats de l'autoritarisme militaire, de l'assassinat politique, dont la violence est si aveugle et si sale qu'ils réduisent les autres rats à une activité profitable : en les vendant, il est possible pour eux de survivre aux rigueurs et carences de l'exil. Il y a un moment où les rats de la zoologie affrontent les rats humains : « De la route, arrivent les hurlements chaque fois plus enragés des rats qui se sont échappés des cages, mais les autres rats ne se trouvent pas là ; les autres rats leur ferment le chemin, et bien que la lumière soit encore allumée dans la ferme, Lozano sait déjà que Laura et Laurita (son épouse et sa fille) ne s'y trouvent plus, ou alors elles s'y trouvent mais elles ne sont plus Laura et Laurita à présent que les rats sont arrivés à la ferme...». S'agit-il des rats chassés ou bien des rats chasseurs, des velus ou des militaires ? Le récit se tait sur ce point mais il est clair quant à sa réponse finale : les rats de Calagasta et les rats de Satarsa, ceux de la nature et ceux engendrés par l'homme sont tous dangereux. Cependant, si les dangers des premiers font partie de la vie, ceux des seconds sont uniquement des instruments de mort.* [25]

Le palindrome se réfère non seulement au jeu verbal duquel il provient, mais aussi à la certitude de pouvoir pénétrer, grâce à lui, une zone opaque et en apparence peu significative de la réalité. L'un des personnages affirme :

Attacher le rat c'est rien d'autre qu'attacher le rat.
Ça ne vaut pas grand-chose parce que ça ne
t'apprend rien de nouvea... Mais si tu mets la
formule au pluriel, alors ça change tout... c'est un
miroir différent qui te montre quelque chose que tu
ne connaissais pas avant [26].

Passant d'une apparence inoffensive due à sa condition de miroir verbal au pluriel, la variation du palindrome permet de prendre conscience de l'histoire argentine de ces années-là.

Dans *Satarsa*, conte magistral de Cortázar qui est une véritable somme artistique de l'un de ses thèmes et motifs primordiaux, le « souffle » fantastique fondé sur l'animalité menaçante est en relation profonde avec le jeu verbal. Cette dernière naît de la terreur nocturne, qui imprègne toutes les pages du texte, et de la dénonciation d'une situation inacceptable qui dominait alors en Argentine. Tout cela est projeté à travers le développement évolutif du système littéraire qui se base sur la présence d'une menace présentée comme la forme d'une épiphanie fantastique dont le centre énigmatique peut enfin s'éclaircir à un moment de son développement.

4 . LA TRANSFORMATION DU BESTIAIRE FANTASTIQUE EN ANIMALITÉ MYTHIFIÉE

A) Les cas de Circé (1951) et Les ménades (1956) : mythes féminins de la tradition classique

Nous affirmions que le recueil de *Bestiaire* contenait trois modèles sans pour autant insister sur leurs variantes par rapport à l'invasion et à la présence de l'insolite ou de la menace de l'animalité. Une troisième forme pourrait être ajoutée aux modalités auxquelles nous avons fait allusion auparavant et qui sont résumées dans leurs schémas respectifs. Il est évident qu'elle entretient des rapports étroits avec les précédentes.

Ce n'est pas seulement à cause de la proximité des thématiques que nous avons choisi de séparer *Circé* du groupe antérieur afin de le placer avec *Les ménades*. En effet, la gestation de ces deux contes les rapproche bien plus profondément : *Circé* est l'un des derniers récits élaborés avant le départ définitif de Cortázar pour Paris, et *Les ménades* est l'un des premiers textes de l'édition originale de *Fin d'un jeu* datant de 1956. En outre, le thème de l'invasion menaçante s'enrichit de protagonistes et de données de la mythologie classique qui seront présentées dans une fonction symbolique destinée à créer une sorte de paradigme conductuel.

Circé doit son titre au personnage homonyme de *L'Odyssée* qui était doté d'attributions magiques et ensorceleuses. Grâce à ses connaissances des drogues et ses pouvoirs d'enchantement, la fille de Hélios et de Perséphone transformait les hommes en loups et en lions ; elle en entoura son palais d'Era. Dans l'une des versions de ce mythe, elle change Ulysse et ses hommes, qui lui rendaient visite, en porcs. Cependant, le héros se sauve grâce à un antidote alchimique que lui avait donné Hermès pour lui permettre de contrecarrer la puissance de la déesse. La confusion entre la fonction de Delia Mañara, dans le conte de Cortázar *Circé*, et celle de la sorcière à l'ascendant diabolique est par là même encouragée.

En effet, le développement structurel du mythe est suivi avec exactitude par l'auteur étudié. Celui-ci assigne à son personnage féminin un niveau de quotidienneté qui intègre les indices de rupture et d'étrangeté fantastiques. Ces derniers révèlent, à la manière de leitmotive, l'aspect inquiétant du comportement du protagoniste. Son plaisir manifeste à jouer avec des araignées lorsqu'elle était enfant, la fascination qu'elle éprouve pour la présence d'un chat, l'envoûtement qu'elle provoque sur un chien qui tombe sous son charme après s'être éloigné d'elle en aboyant terrorisé, constituent autant de signes de l'étrange et du surnaturel marquant le caractère de cette Circé de souche argentine. Elle est le symbole et l'incarnation des pouvoirs démoniaques qui sont attribués à l'entité féminine tout au long de l'œuvre de Cortázar [27].

La complexité de la figure de Delia Mañara n'est jamais soulignée par le narrateur du conte *Circé* ; par contre, elle peut être déduite de son étrange conduite par rapport à la disparition et à la mort de tous ses fiancés. Delia Mañara était déjà présente, en quelque sorte, dans le récit *Sorcière* que nous avons étudié dans le premier chapitre de cette analyse. Mais elle acquiert une dimension bien plus complexe, en ce sens qu'elle a les traits de Diane ou d'Artémis. Celle-ci, en tant que fille de Zeus et de Léto, est la femme-vierge par antonomase, rejetant toute présence masculine. Sa haine des hommes la pousse à châtier ces derniers et à punir également les femmes qui cèdent à leurs exigences, en les tuant ou en les transformant en animaux.

Dans le récit *Circé*, le seul personnage masculin qui semble échapper à cette situation est Mario ; en effet, apparemment, il se plie au jeu macabre de Delia en en ayant conscience. Ainsi, il écrase avec ses doigts le bonbon qui contient un cafard probablement empoisonné tandis que les yeux fébriles de Delia ne peuvent dissimuler l'expression d'un plaisir morbide. Le lien de ce conte au recueil *Bestiaire* se trouve être légitimé grâce à la projection du monde intérieur et du monde animal qui s'y trouvent confondus à travers le symbole des friandises.

Dans le milieu suffocant de la famille Mañara, Delia est également une dévoreuse d'hommes. Son nom – Mañara se rapprochant de « maraña », confusion – est une sorte d'anagramme, non déclaré dans le texte, de la version féminine du Don Juan espagnol moderne, qui se présente comme un anti personnage par rapport au modèle classique de Tirso de Molina ou au romantisme de Zorrilla. Delia-Diane – Circé – Don Juan : figure multiple et pleine de mystère ou d'ambiguïté, elle est rapportée depuis la perspective presque infantile du narrateur. Ce dernier en relate l'histoire sans se souvenir exactement des événements qui eurent lieu dans les années vingt de notre siècle. Le combat de boxe opposant Dempsey et Firpo, les chansons de Rosita Renard et la description d'un poste de T.S.F. à galène ne peuvent que souligner cette situation temporelle.

En outre, l'épigraphe contient une fonction et un véritable programme de références esthétiques. L'énigmatique citation de Dante Gabriel Rossetti y joue, sans aucun doute, un rôle eschatologique. Il annonce tous les fantasmes ainsi que les terreurs développés dans le récit par la suite : « Je reçus un baiser de ses lèvres lorsque je pris la pomme de sa main. Mais lorsque j'y mordis, ma tête commença à tourner et mes jambes flanchèrent ; et je sentis que je m'enfonçais à ses pieds et je vis les visages livides de ceux qui m'accueillaient dans la tombe ». Ce texte de Rossetti tiré de *Le sépulcre du jardin* est imprégné de mélancolie et de sensualité, de mystère et d'angoisse. Cortázar utilisa tous ces ingrédients pour élaborer certains personnages féminins de la première partie de son œuvre ; il y ajoutera la présence de la mort. Le roman gothique, Edgar Allan Poe, Dante

Gabriel Rossetti l'ont donc influencé. Ainsi, les éléments de fondation du fantastique moderne chez Cortázar sont multiples : ils sont tirés aussi bien du symbolisme, du préraphaélisme, de la littérature d'horreur et de fantasmes, que de l'antiquité gréco-latine. Cette véritable panoplie n'a été jusqu'à présent que très partiellement étudiée.

Les ménades, conte parallèle à celui que nous venons d'examiner, utilise aussi la mythologie et la fonction eschatologique comme une façon de se constituer en paradigme conductuel. Dans ces deux récits, le titre a une mystérieuse valeur épigrammatique qui sert à mettre en relief un certain genre de femmes montrées comme des agents individuels ou collectifs du mal. Dans *Les ménades*, un concert symphonique réalisé dans un théâtre de province permet d'ironiser sur le fanatisme musical grâce à la description d'un public euphorique. Ce dernier, dans un « crescendo » démoniaque, va jusqu'à utiliser la violence physique contre les musiciens et le chef d'orchestre ; elle culmine, dans la scène finale, par des actes de cannibalisme.

Cette fois, le modèle d'emprunt est celui des ménades ou bacchantes, femmes dionysiaques unissant le délire du plaisir à la fureur de sa réalisation qui les mène souvent à la mort. Euripide évoque leur existence dans une tragédie homonyme ; des auteurs romains en font une description dramatique. C'est le cas de Tite-Live, par exemple, qui parle du phénomène orgiaque qu'il appelle « ménadisme ». En fait, à travers les mouvements spasmodiques et les convulsions terribles – qui correspondent assez bien aux symptômes hystériques ou à d'autres modalités de névropathies, ce sont la possession de l'être, la dépersonnalisation, l'invasion de forces étranges et, finalement, la perte de l'identité que nous pouvons déceler [28].

Le narrateur autobiographique des *Ménades* présente l'enthousiasme croissant et délirant de la masse des mélomanes comme un corps de femme qui s'unit, dans un premier temps, à l'élément masculin de l'orchestre. Par exemple, la salle est décrite comme un espace féminin qui reçoit puis se donne à la possession de la musique : « ...ce halètement amoureux qui unissait l'orchestre à la salle, *la* salle, énorme femelle, n'avait pu retenir plus longtemps son plaisir...» [29]. Le narrateur décrit le public du concert en utilisant l'animalisation à travers une sorte de ruche, un pullulement d'insectes : « ...d'une masse noire des mouches sur un pot de confiture » [30].

Le ton ironique surgit, cependant, dans l'exposition du programme musical. En effet, celui-ci couvre de nombreuses heures rendant ainsi possible la constitution d'un phénomène d'hystérie collective comme celui qui est mis en scène. Les œuvres jouées sont : *Le Songe d'une nuit d'été* de Mendelssohn suivi du poème symphonique de Strauss *Don Juan*, et *La Mer* de Debussy pour terminer avec la cinquième symphonie de Beethoven. Il ne s'agit donc pas d'un concert au sens strict du terme : en fait, aucun orchestre ne pourrait résister à une telle entreprise, en une soirée. Ce programme semble plutôt constituer un modèle paraphrastique lié à un rituel de sacrifice, à un cérémonial de destruction. La musique ne fait qu'appuyer cet aspect en entraînant la pitié et le rejet honteux de la part du narrateur tel que le provoque également le personnage de Mario dans *Circé*.

Le dirigeant du groupe qui pratique l'acte de cannibalisme est assimilé à « la femme en rouge ». Elle a un regard hautain lorsqu'elle sort de l'édifice et « longuement, d'un air gourmand, elle passait sa langue sur ses lèvres et elle souriait » [31]. La salle de concert devient un territoire ressemblant à une arène de corrida où combattent taureaux et toreros. Le narrateur évoque cet aspect en qualifiant le chef d'orchestre de « matador qui enfonce son épée dans le taureau » [32]. En fait, le théâtre est la représentation symbolique d'une sexualité étouffée ou frustrée, de la même manière que les bonbons empoisonnés qui apparaissent dans *Circé*. La forte ambiguïté, les connotations psychanalytiques d'une sexualité imparfaite, le mystère du fonctionnement fantastique de la référence mythologique donnent une grande profondeur à la vision de l'érotisme dans *Les Ménades* et *Circé*. Par contre, dans les contes ultérieurs, elle se dissipera pour laisser place à une vision presque infantile de l'érotisme. Mais il ne s'agit là que de l'une des lectures possibles de ces deux récits qui sont illuminés par la référence mythologique. Le ménadisme orgiaque comme l'empoisonnement métaphorique sont des formes particulières de l'invasion de l'étrange et de la menace dans lesquelles l'univers animal et le monde intérieur, ou psychologique, sont confondus à travers des symboles dissemblables.

Toute l'œuvre de Cortázar insistera, avec de multiples variantes, sur le rôle spécifique attribué à la femme, du moins à un certain type de femme. Celle-ci se constitue comme un symbole du mal absolu qui peut s'entourer de références mythologiques. Ses comportements peuvent être interprétés, tacitement ou bien explicitement, comme des formes déviées de la sexualité, du pouvoir ou de l'angoisse névrotique. Dans le premier chapitre, nous avions analysé *Sorcière* dont le titre ne peut pas être plus suggestif. Son personnage féminin enferme en elle toute l'ambiguïté que Cortázar mettra dans l'approche du thème du mal. En effet, l'autorité du fantastique y alterne avec une vision purement féérique liée à l'irrationnel : cela est souligné dans *Sorcière* par la faculté du protagoniste féminin de créer des choses désirées et de les imposer à la réalité. Le fantastique s'y trouve rapproché d'une vision gothique à travers les données mêmes du récit : le tissu des obsessions, la cohorte d'admirateurs silencieux et dévoués, le sinistre luxe décadent de la demeure et des meubles conçus grâce aux pouvoirs magiques du personnage, l'enterrement final.

Dans *Sorcière* le protagoniste féminin lui-même se désigne comme un démiurge. Il est clair que la relation qu'elle établit avec les mouches et autres insectes la place au niveau d'une Circé encore embryonnaire ; ce mythe gagne en importance et s'impose de fait dans le conte homonyme, comme nous l'avons constaté.

Sans doute, les ouvrages ultérieurs de Cortázar n'abandonnent point la thématique du mal féminin associée le plus souvent aux maléfices. Cependant, les références mythologiques se dissipent jusqu'à s'y maintenir simplement à un niveau subliminaire. Parfois, elles vont jusqu'à disparaître complètement des textes.

B) *Le cas de* L'Idole des Cyclades

L'invasion d'un passé mythologique dans l'existence des personnages, qui sont archéologues et vivent dans le monde moderne, est au centre de *L'Idole des Cyclades*, conte qui date de 1964. Cette occupation se concrétise à travers une figurine qui vient d'être découverte par l'un de ces scientifiques se nommant Somoza. Ce dernier travaille avec son ami Morand et la fiancée de celui-ci, Thérèse, dans la vallée de Skoros qui se situe face à l'île de Paros appartenant à l'archipel des Cyclades. Il s'agit là de l'un des contes de Cortázar qui se déroulent en Grèce ; *L'île à midi* se déroule dans l'île de Skiros au nord-est d'Athènes. Dans ces deux cas, la condition insulaire ne représente qu'une donnée permettant d'englober la vision énigmatique et lointaine que l'écrivain souhaite projeter.

Somoza, qui est originaire de Buenos Aires, vit aussi isolé en Grèce que dans sa demeure de la banlieue de Paris où il réside. Cet aspect a son importance car il indique le processus d'appropriation de l'être de cet archéologue par la statuette millénaire. Le déroulement du conte permet de comprendre que la modalité de remplacement de l'identité, et, en même temps, de possession, démoniaque, n'est effective qu'à partir du moment où la figurine entre dans l'orbite vitale des personnages. Selon Morand, cette situation peut être expliquée comme suit :

> ...*Tout archéologue s'identifie plus ou moins avec le passé qu'il explore et révèle. De là à croire qu'une grande intimité avec l'un de ces vestiges peut vous ravir, altérer le temps et l'espace, ouvrir une brèche par où accéder à...* [33].

Après avoir découvert la statue, Somoza et Morand travaillent à la reproduire. Ils en créent une réplique qui accentue sur les protagonistes la possession et la bipolarisation temporelle entre le passé préhistorique et le XXème siècle des archéologues. Le Sud-Américain Somoza initiera un rituel de mort face au Français Morand, rationnel et étranger à ce type de cérémonie au cours duquel la déesse Haghesa est rendue à la vie à travers le sacrifice du sang accompli par des flûtistes. Aux yeux de Morand, Somoza est donc un fou, victime d'une obsession sanglante. En fait, se déroulant cérémonieusement, les rites primitifs coïncident avec la jalousie et la rivalité existant entre les deux personnages masculins par rapport à Thérèse. C'est là l'élément qui rend vraisemblable, dans ce conte, le souffle fantastique. Cependant, il n'en définit pas l'ambiguïté et ne permet pas que s'y développe intégralement le principe du surnaturel comme invasion de l'impossible (Voir illustration n° 1).

Ce récit ne peut supporter une interprétation allégorique. Pourtant, il est indéniable que l'une des oppositions centrales au sein du récit est à la base de son dénouement surprenant. Celle-ci sépare le froid rationalisme du Français de l'apparente irrationalité et de la bonne disposition du Latino-Américain vis-à-vis de la magie. En effet, le retournement final ne respecte plus cette dualité et en cela il est magistral. Somoza mourra sous la hache avec laquelle il voulait tuer Morand ; ce dernier se dévêtira et commencera le rituel, sous le son des flûtes, pour exécuter Thérèse qui arrive. L'acte de possession et d'invasion de l'identité par une idole appartenant à un passé lointain achève de compromettre tragiquement les trois personnages du conte *L'Idole des Cyclades*.

Comme dans le cas du *Horla* de Maupassant, ce récit pourrait être assimilé partiellement à une étude sur la folie. Cependant, il est bien plus que cela dans la mesure où l'envahissante présence finale de la statuette est à la base d'un acte de possession qui fait durer le mystère jusqu'au dénouement et donne toute sa force au symbole en tant qu'agent de la démence et représentation mythique de celle-ci.

Ce groupe de contes forme une véritable isotopie mythique, c'est-à-dire un système organisé de significations liées aux mythes du sacrifice. Il ne faut point oublier que nous l'avions considéré comme un dérivé, dans une première étape, du bestiaire cortazarien. En effet, Circé appartient au texte homonyme daté de 1951 et, à cette époque-là, Cortázar le considérait comme étant directement lié à certaines des formes de l'animalité. Dans *L'Idole des Cyclades*, il n'y a pas une présence métonymique du titre par rapport aux personnages, comme dans les cas antérieurs, car c'est la statuette même qui agit en tant qu'agent direct de la métamorphose bestiale de Somoza et Morand. Elle aussi représente une forme de féminité monstrueuse : elle est liée aux rites cannibales exprimés par l'élément buccal et la métamorphose de la stérilité.

C) *Le cas de* Axolotl

Appartenant au recueil publié en 1956 *Fin d'un jeu*, *Axolotl* garde encore un rapport étroit avec certains traits de l'animalisation qui étaient propres au volume antérieur et entre dans le traitement fantastique de la duplication. Dès le moment de sa parution, il devint un récit d'anthologie qui fut cité et étudié dans de nombreuses langues. Il associe la notion du double avec le thème de la métamorphose ; mais, à l'inverse des contes antérieurs, il ne fait point allusion au développement du processus de transformation. En effet, le paragraphe initial nous présente – tel un émule de Gregorio Samsa – un changement qui s'est déjà effectué, comme l'affirme le narrateur : « A présent, je suis un axolotl ». Ce n'est que par la suite que l'existence de la larve aux yeux dorés est décrite minutieusement dans son conditionnement humain.

Le fait de commencer la narration par un acte insolite et difficilement prouvable oblige le lecteur à l'accepter tel quel. Grâce au mécanisme de banalisation par les détails, il est donc assimilé ainsi que tout l'ensemble du conte, à une donnée quotidienne. Irène Bessière évoque à ce propos, et à juste titre, le triomphe de la vision anthropocentrique : celle-ci tente d'identifier la volonté humaine à celles des lois qui régissent l'univers. Ces dernières permettent également au fantastique moderne de fonctionner à travers la logique du surnaturel en n'utilisant point de croyances magiques mais le pouvoir incertain de l'inconscient [34].

L'aspect fascinant de cette histoire est que le narrateur rapporte le passage de son être à la forme de l'axolotl dans un aquarium, en créant par là même un processus d'absence de réversibilité physique et d'altérité. En effet, le narrateur nous montre l'impossibilité de récupérer une vision « normale » à partir de son nouvel état de larve immobile, indifférente et complètement étrangère à la vie humaine. La *duplication* de l'identité personnelle surgit ainsi en relation avec une séparation spatiale définitive et irréversible. Celle-ci empêche le fonctionnement métonymique du double, comme cela se produit dans *Le portrait de Dorian Gray* dans lequel le passage du plan de la réalité à celui de la figuration picturale, symbolique, est détruit à la fin de l'histoire, de telle manière que cette dernière apparaît clairement être une allégorie morale de la conduite humaine. La séparation infinie, qui domine le principe de brusque métamorphose dans *Axolotl*, et son irréversibilité ultérieure ouvrent les portes à un support fantastique dont le thème véritable est celui du manque de communication, grâce à la constitution du double. La condition larvaire de ces batraciens aux yeux dorés, qui est liée à l'idée de *masque*, nous assure que seules l'indifférence absolue et l'insignifiance de ce qui se dissimule peuvent prétendre à l'abolition de l'espace extérieur.

Cortázar lui-même fit une déclaration en ce sens ; il y parla de la genèse de ce récit en le définissant comme une conséquence d'une expérience personnelle. En effet, il fit une étrange promenade au Jardin des Plantes à Paris ; il refusa d'y retourner à cause de la terreur et à la fois de la fascination que lui inspirèrent les axolotls qui s'y trouvaient exposés.

> *Ces animaux qui sont en train de te regarder. Tu sens qu'il n'y a pas de communication, mais en même temps, c'est comme s'ils te demandaient quelque chose en te suppliant. S'ils te regardent cela veut dire qu'ils te voient, et s'ils te voient, qu'est-ce qu'ils voient ? Bref, tout cet enchaînement de choses. Et soudain avoir l'impression qu'il y a comme une sorte de ventouse, d'entonnoir qui pourrait t'embarquer dans cette affaire. Alors, fuir. J'ai fui.* (35)

Cela est sans doute encore très proche de la formation névrotique des contes de *Bestiaire*. Dans *Lettre à une amie en voyage* et *Circé* par exemple, la trace des obsessions angoissantes se manifeste dans l'impossibilité d'avaler ou bien dans la peur de trouver des mouches dans la soupe. Dans le cas de *Axolotl,* écrit au début de son séjour parisien, ce phénomène de hantise emprunte également l'identité de l'altérité menaçante. Il est évident que ce conte peut être pleinement intégré à l'interprétation de l'animalité mythifiée de la même manière que les trois récits antérieurs. Celui-ci, cependant, utilise une perspective mythologique précolombienne. Celle-ci apparaît à travers le cannibalisme de l'or qui produit la dépossession de l'être et la perte de l'identité, et l'ambiguïté sexuelle des dieux Tlaloc, Xolotl, Tlazolteotl par exemple. Ces divinités de la duplication à la fois sont dotées d'une essence féminine et vont servir de paradigme secret à la projection mythique. Comme dans le cas de *Circé, Les ménades* et *L'Idole des Cyclades*, un des éléments essentiels de ces dieux est leur capacité de succion. En effet, en aspirant ou avalant, ils font perdre son essence véritable au héros absorbé. L'altérité absolue de l'axolotl immobile et possédé par la figure humaine, et de même son contraire sont liés à la métamorphose dépersonnalisante qui, comme chez Poe s'exprime à travers l'élément aquatique : eaux doubles, liquide fœtal, aquarium qui constituent les voies d'une féminité monstrueuse.

5. L'APPARITION FANTASTIQUE ET L'ÊTRE FANTASMAGORIQUE LIES AU MYSTÈRE DE LA CHAMBRE VOISINE

Nous nous trouvons au cœur même de quelques-uns des motifs les plus utilisés dans la littérature fantastique. Cortázar les fait siens à travers l'exploration de plus en plus diversifiée et intense de son point de départ initial : l'invasion menaçante au fond du labyrinthe peuplé de monstres indéfinissables ou inexprimables. Dans la première édition de *Fin d'un jeu*, en 1956, il ajouta un de ses récits les plus connus dans lequel la production du fantastique semble être très proche de la production de l'horreur : *La porte condamnée*.

Le protagoniste de ce conte est un représentant de commerce qui loge durant quelques jours dans une pension anonyme et presque vide de la capitale uruguayenne. Dans la chambre contiguë à la sienne, vit depuis très longtemps une femme seule, employée dans quelque centre administratif des environs. Les pleurs d'un enfant et les berceuses de cette femme le réveillent une nuit. Ils le maintiennent entre l'état de veille et le sommeil à plusieurs reprises, ceci le perturbant dans sa conduite diurne. Toutes les vérifications faites par la personne à l'accueil se révèlent inutiles et le conduisent à une situation de doute et de malaise croissants à propos de la présence d'une femme proche de la folie. Naturellement, l'hypothèse principale est que la femme imite les sanglots de l'enfant pour compenser une maternité frustrée. Le narrateur intériorisé se charge d'ailleurs de le signaler au lecteur. Il indique également les possibilités qu'une telle situation pouvait engendrer dans le fantastique traditionnel :

> *Petit à petit, à mesure que passait le temps et qu'alternaient les faibles gémissements avec les murmures de consolation, Petrone finit par se demander si tout cela n'était pas une farce, un jeu ridicule et monstrueux qu'il ne parvenait pas à s'expliquer. Il pensa à de vieux récits de femmes sans enfants organisant en secret un culte de poupées, une maternité inventée en cachette...* [36]

Le prévisible départ rapide et presque violent de la femme qui s'est sentie observée et découverte, semble introduire le récit dans une veine réaliste. Cependant, le dénouement en quelque sorte « illuminant » entraîne une complète transgression fantastique. Alors que la chambre voisine est vide, le personnage entend de nouveau, diaboliquement, les lamentations de l'enfant.

La prédisposition à l'invasion de l'anormalité est secrètement annoncée dès le titre même du conte. En effet, on se réfère habituellement en espagnol à une porte close et non pas « condamnée », comme le fait l'auteur en employant un gallicisme pour ce récit. Comme dans les cas antérieurs, ce qui compte plus que le rêve, qui n'est atteint qu'avec difficulté et dont l'imperfection ou l'absence produisent des altérations de type névrotique c'est l'état intermédiaire, le demi-sommeil qui précède la veille ou le rêve. La psychiatrie le désigne comme un état hypnagogique qui se constitue en agent de la vision intérieure. Le narrateur lui-même le décèle sans se tromper lorsqu'il affirme : « Il n'était pas complètement éveillé, bien qu'il lui ait été impossible de se rendormir ». Plus loin, il précise : « Ironiquement il regrettait les pleurs de l'enfant, car ce calme parfait ne lui convenait pas pour dormir et encore moins pour rester éveillé » [37].

Il serait cependant erroné d'attribuer tout le processus fantastique à l'exclusive manifestation des phénomènes névrotiques. La présence de l'Autre menaçant, la recherche de ponts et passages qui puissent permettre l'exploration de l'exceptionnel, la dénonciation ludique du manque de communication et celle de la monotonie dépassent largement une telle affirmation, pour s'insérer dans les préoccupations de la grande littérature de notre siècle. Écrire depuis un interstice, une décentralisation ontique fondamentale, en avançant l'idée que plus que les règles qui régissent le monde ce sont les exceptions qu'il faut étudier, amène à reconnaître que la constitution d'un discours narratif n'est pas nécessairement révéler l'inconscient d'une écriture mais en faire « un horizon général de sens » dans lequel s'insèrent le mythe et l'allégorie. C'est ce que nous dénommons un système.

Dix ans après *La porte condamnée*, Cortázar va réélaborer quelques-uns des motifs précédents en les liant à la présence d'un être fantasmagorique et son existence mystérieuse dans une maison estivale située dans les montagnes du Lubéron. Le narrateur fictif appelé Fernando dissimule à peine la personne biographique de l'auteur dans le beau récit *Silvia*, publié dans *Le tour du jour en quatre-vingts mondes* qui fut ensuite incorporé à l'édition complète des récits à Madrid.

Comme cela arrive à de nombreuses reprises dans l'œuvre de Cortázar, c'est lui-même qui nous donne les clés de sa filiation en établissant une relation explicite avec *L'Idole des Cyclades*. Dans ce dernier, une statuette féminine porte des essences mystérieuses bien que de signe contraire comme nous le verrons par la suite. C'est le moment où la silhouette de Silvia, personnage inventé par le groupe d'enfants, devient corps devant le narrateur fasciné.

> *Le feu dénudait ses jambes et son profil, je devinais un nez fin et avide, des lèvres de statue archaïque. Mais Borel ne venait-il pas de me poser une question sur une statuette des Cyclades dont il me rendait responsable ?...* [38]

Pourtant, ici, la transformation mythologique ainsi que l'animalité féroce dérivée du bestiaire n'ont pas lieu. Silvia est un être imaginaire qui prend une forme corporelle à travers le jeu des enfants. Seule une sensibilité aussi intègre et pure que la leur permet au narrateur de partager cette vision. Celle-ci est qualifiée de mythomane par la mère de l'un des enfants. Le monde des adultes est en effet médiatisé par la culture : les citations de la poésie de Tardieu, les expériences aléatoires de Xénakis ou les romans de Vargas Llosa. Le narrateur dissimule à peine sa distance et son ennui par rapport à ce monde raisonnable et hiérarchisé, peuplé de gens bien-pensants, polis et au courant des dernières nouveautés culturelles. Imprégnée de l'intensité et du merveilleux des expériences surréalistes, la vision du narrateur montre l'image féminine étendue sur le lit de ce dernier. Cette fois, la porte reste ouverte.

> *Les jambes nues de Silvia se découpaient sur le couvre-lit rouge. Graciela entra dans le cabinet et fit claquer le verrou. Je m'approchai de la chambre et je vis Silvia en train de dormir sur mon lit, ses cheveux comme une méduse d'or sur l'oreiller, je repoussai la porte derrière moi, je m'approchai je ne sais comment, il y a sur ce moment-là des trous et des coups de fouet, une eau qui ruisselle, me mordant le visage, m'aveuglant, un bruit comme de profondeurs fracassantes, un instant hors du temps, insupportablement beau. Je ne sais plus si Silvia était nue, pour moi elle était comme un peuplier de bronze et de rêve* [39].

Il est évident qu'il y a là des réminiscences de l'intensité affective que projettent les récits de *Eléonore Morella* et *Bérénice* de E. A. Poe et que Cortázar traduisit dans les années cinquante. Dans ces contes, la vision de la femme comme aimée immatérielle est liée à la possibilité d'une vie au-delà de la mort et à sa réincarnation par les voies de la métempsycose ou du rêve. Dans le conte de Cortázar, ceci a été remplacé par la vision infantile qui, de manière naturelle, ne reconnaît point les frontières avec l'irréel et installe l'imaginaire au sein du quotidien.

Nous avons mentionné l'un des derniers contes écrits par l'auteur, *Histoire avec des mygales* qui reprend le motif principal formant une présence ambiguë et mystérieuse : le surgissement des êtres fantasmagoriques se trouvant de l'autre côté d'une porte, d'un mur ou toute autre forme d'opacité radicale.

Les correspondances entre des niveaux différents et obscurs de la réalité, dans ce récit se présentent comme une sorte de syllepse. En effet, de manière similaire à *La porte condamnée*, une cloison, un mur, dissimulent tout en laissant filtrer des formes de bruits, des murmures, des indices en somme prouvant que cette opacité est en fait perméable, permutable. Elle enferme une contiguïté qui, dans le texte cité ci-dessus, contient l'identité même des personnages qui demeurent en des côtés opposés de la réalité. Le transfert d'un côté à l'autre sera relativisé à la manière de la figure sylleptique qu'elle provoque ; avec cette proximité plus ou moins perméable, une substitution des voix de la narration est opérée dans *Histoire avec des mygales*.

En effet, le narrateur y rapporte ses vacances dans un « bungalow » isolé, dans une île paradisiaque des Caraïbes, à la première personne du pluriel. Or, comme nous l'avons vu, il s'y installe un chuchotement qui coïncide avec le séjour de touristes. De l'autre côté de la cloison, ce murmure révèle la présence discrète de deux jeunes filles nord-américaines qui, seules, profitent de la plage. Comme dans le conte antérieur, une voix, cette fois masculine, inexplicable, s'installe entre elles ; de plus, elle est perdue comme le « nous » résidant dans cette partie du « bungalow ». S'il est certain que personne n'est arrivé jusqu'en haut de la colline, et que les autres logements ne sont point occupés, le lecteur peut se demander comment se produit et d'où provient cette « invasion », qui correspond aux pleurs de l'enfant inexistant du conte *La porte condamnée*.

Il est fait référence, de façon elliptique, à Erik qui revient secrètement à la ferme d'un dénommé Michael, à Delft ; il était en rapport en quelque sorte avec le narrateur mais rien n'est précisé. Ces données augmentent l'aspect énigmatique des faits rapportés. Le dénouement de cette histoire mystérieuse, où la terreur est moins intense que dans *La porte condamnée*, se fonde sur le fait qu'après la disparition des jeunes filles, la voix masculine surgit de nouveau la nuit de la même manière que les sanglots dans l'autre récit mentionné ci-dessus. Pourtant, *Histoire avec des mygales* offre une variante par rapport à ce dernier : le paragraphe final inclut un transfert de la voix narrative à un pluriel féminin. Le

« nosotros » devient « nosotras » : la narration est donc assumée par les jeunes filles qui vivaient à côté de l'énonciateur. En s'emparant de la voix du récit, elles pénètrent également dans le logement de ce dernier. Aussi, la voix masculine de l'invasion ambiguë pourrait être identifiée à celle du narrateur qui rapportait jusque-là l'histoire.

NOTES

1. Ce conte parut dans *Los anales de Buenos Aires* en novembre 1946, puis il fut inclus dans *Bestiaire* en 1951.

2. Il publia un recueil de sonnets *Presencia* sous le pseudonyme de Julio Denis en 1938. Plus tard, lors de ses pérégrinations dans la province de Buenos Aires, puis dans celle de Mendoza, lorsqu'il enseigna à l'université de Cuyo, il écrivit de nombreux récits. Ils sont presque tous inédits ou bien publiés dans des revues de l'époque : *Realidad, Sur, Buenos Aires literaria*, etc. Voir p. 9, *Œuvres analysées*, UNESCO-Gallimard, *Nouvelles*, 1993.

3. *Ibid.*, p. 66.

4. In : *Lo lúdico y lo fantástico en la obra de Cortázar, op. cit.* p. 308.

5. *Les ruines circulaires* fut publié pour la première fois à Buenos Aires en décembre 1940. Puis en 1941, il fut repris dans le recueil *Le jardin aux sentiers qui bifurquent*, et ultérieurement, dans la première édition de *Fictions* parue en 1944.

6. Borges le cita à plusieurs reprises et l'inclut dans ses anthologies du fantastique.

7. Dans le même ordre que les citations, les références sont les suivantes :
a) J.J. Sebreli : *Buenos Aires : Vida cotidiana y alienación*, Buenos Aires, Ed. Siglo XX, 1965, p. 102-103.
b) N. García Canclini : *Cortázar una antropología poética*, Buenos Aires, Ed. Nova, 1965, p. 22 sq.
c) A. Mac Adam : *El individuo y el otro*, Buenos Aires, Libreria, 1979, p. 65-66.
d) S. Sosnowsky : J. C., *Una búsqueda mítica*, Buenos Aires, Noé, 1973, p. 23-24.

e) Malva Filer : *Los mundos de J. C.*, New York, Las Américas, 1970, p. 40-45.

f) G. de Sola : *J. C. y el hombre nuevo*, Buenos Aires, Sudamericana, 1968, p. 45.

g) García Canclini : *op. cit.*, p. 22-23.

h) J. Andreu : « Pour une lecture de *Casa tomada* », in *Caravelle*, Toulouse, 1968, n° 10, p. 58-60.

i) J. Andreu : *op. cit.*, p. 64.

j) M. Ramond : « La casa de sus sueños » in *Lo lúdico y lo fantástico en la obra de J. C.*, *op. cit.*, p. 97-109.

k) J. Alazraki : « En busca del unicornio » *op. cit*, p. 144-146.

8. Cela a été en partie observé par les critiques, et plus particulièrement par A. Mac Adam, dans un contexte bien différent. Cf. *El individuo y el otro*, *op. cit.*, p. 35-39. Mac Adam fonde son analyse sur la notion de « pharmakos » : avec celle de l'anti héros de la littérature moderne, selon la classification proposée par N. Frye dans *Anatomy of Criticism*, Princeton, U. S. A., 1975.

9. La critique semble avoir oublié que la rédaction des premiers contes de *Bestiaire* et des *Rois* fut simultanée. La première publication de ce dernier remonte à 1947. Cf. *Los anales de Buenos Aires*, n° 20, 21 et 22, 1947. Ils furent rassemblés dans un recueil publié en 1949.

10. Voir : « La maison d'Asterion » in *Los anales de Buenos Aires*, abril-junio l947, intégré dans la première édition de *L'Aleph* en 1949.

11. J. Cortázar : *Gîtes*, *op. cit.*, p.115.

12. *Op. cit.*, p.23.

13. Voir l'important article de M. L. Rosenblat : « La nostalgia de la unidad en el cuento fantástico : *The fall of the house of Usher*, y *Casa tomada* » in : *Los ochenta mundos de Cortázar*, Madrid, Ed.-6, 1987, p. 199-209.

14. Voir : *Drailles*, Paris, 1988, p. 70-71.

15. J. Cortázar : *Un tal Lucas*, Madrid, Alfaguara, 1979, p. 195-196.

16. J. Cortázar : « Para una poética » in : *La torre*. Univ. de Puerto Rico, Río Piedras, 1954, p. 126.

17. La vision ironique inclut aussi le discours d'un collègue, spécialiste en biologie à l'Université de Cuyo, utilisant un vocabulaire scientifique hermétique dans la conversation quotidienne (Tem. A. M. Barrenechea à Buenos Aires, le 11/9/1990).

18. Voir : Alazraki, *op. cit.*, p. 72-80 ; Mac Adam, *op. cit.* p. 67-75 ; Andreu, *op. cit.*

19. L'idée de la stérilité pourrait s'appliquer aussi au phénomène littéraire. En effet, l'appartement mentionné dans le conte appartenait en réalité à Odile Baron Supervielle, directrice du suppl. littéraire *La Nación* qui le prêta à Cortázar pendant un de ses séjours à Paris. La famille de Pedro Henríquez Ureña y vécut aussi pendant quelque temps (Tem. A. M. Barrenechea, 1, 9, 1990).

20. Voir l'article de Mac Adam, *op. cit.*, p. 79 ; celui-ci ne comprend pas que l'enfant est la victime.

21. J. Cortázar, *Gîtes, op. cit.*, p. 236.

22. Luis Harss, *Los nuestros*, p. 270.

23. La mangouste appelée « herpeste ichneumon » ou « rat de pharaons » est décrite par Buffon. En espagnol, elle est appelée « civeta o gato de algalia ». Il s'agit d'un mammifère à quatre pattes qui est très repoussant.

24. J. Cortázar, *Heures indues*, Gallimard, Paris, 1986, p. 43.

25. Alazraki, « Los últimos cuentos de Cortázar » in : *Revista Iberoamericana*, 1985.

26. J. Cortázar, *Heures indues, op. cit.*, p. 47.

27. Voir mon article qui compare *Las babas del diablo* et *Apocalipsis de Solentiname*, in : *La identidad cultural de Iberoamérica en su literatura*, Madrid, 1986.

28. J. Cortázar, *Gîtes, op. cit.*, p. 78.

29. J. Cortázar, *Gîtes, op. cit.*, p. 65.

30. *Op. cit.*, p. 59.

31. *Op. cit.* p. 71.

32. *Op. cit.*, p. 65.

33. J. Cortázar, *Gîtes, op. cit.*, p. 125.

34. I. Bessière, *op. cit.*, p. 146-147.

35. L'auteur cite le cas d'un film qui fut réalisé à partir de son texte. La séquence qui devait être tournée dans le Jardin des Plantes fut truquée car il refusa d'entrer de nouveau dans ce lieu. Voir *La fascinación de las palabras, op. cit.*, p. 58-59.

36. J. Cortázar, *Gîtes, op. cit.*, p. 194.

37. *Op. cit.*, p. 195 et 197.

38. J. Cortázar, *Le tour du jour...*, Paris, Gallimard, 1987, p. 208.

39. *Ibid.*, p. 213.

CHAPITRE II

LES DÉPLACEMENTS DE L'IDENTITÉ;
L'APPARITION DU DOUBLE
ET LA FORMATION DES FIGURES

1. FORMES INITIALES DU DÉDOUBLEMENT. DE LA RESSEMBLANCE FORTUITE À LA MÉTEMPSYCOSE : LE CAS DE LA LOINTAINE ET LES PORTES DU CIEL

Deux récits du volume *Bestiaire* (1951) et un de *La fin d'un jeu* (1956) constituent le point de départ de cette nouvelle série : *Les portes du ciel* et *La lointaine* ce dernier étant le plus important et le plus étudié par la critique. Le troisième est *La nuit face au ciel*.

La lointaine s'insère pleinement dans la plus ancienne et prestigieuse tradition de la littérature fantastique grâce à la thématique du double. Il fut publié en février 1948 dans *Cabalgata* à Buenos Aires, c'est-à-dire pendant le premier séjour en Europe de l'écrivain ; ce dernier avait obtenu une bourse pour faire des études à Paris en 1948. Ce fait entretient un rapport étroit avec un motif qui prendra une place considérable tout au long de ses différents ouvrages : en effet, pour la première fois chez Cortázar, le dédoublement est lié à la présence de deux côtés, de deux bords, de deux sortes de connaissance. Les pôles extrêmes sont l'Amérique latine et l'Europe ; dans *La lointaine*, il s'agit plus précisément de Buenos Aires et de Budapest. En fait, les deux continents seront surtout représentés par la capitale argentine et par Paris, comme c'est le cas dans *Marelle*. Le territoire français apparaît dans *La lointaine* ; le narrateur autobiographique affirme, entre autres, en se référant à la terrible expérience du dédoublement : « Cela donne la chair de poule à n'importe qui, que ce soit ici ou en France ». Cette phrase n'a d'ailleurs pas véritablement de relation directe avec les événements narrés dans ce conte. Cependant, cette opposition sera primordiale de par sa richesse et sa diversité dans son œuvre ultérieure.

La lointaine adopte la modalité d'un journal à la première personne (avec pour exception la fin du texte où le narrateur prend en charge le dénouement à la troisième personne) afin de rapporter la vie d'un personnage dénommé Alina Reyes. Vivant à Buenos Aires, cette jeune fille d'origine bourgeoise va bientôt se marier pour compléter son « inexistence ». Elle commence à souffrir de l'invasion progressive et réitérative d'un être distant et malheureux qui la rend duelle. Les palindromes et les anagrammes auxquels elle est attachée signalent sa duplication : sa vie semble ressembler à un chemin bifurquant sans fin. Dans les points suspensifs de « Es la reina y… » (C'est la reine et…), on peut lire la présence du personnage lointain, de la mendiante qui l'attend sur le pont de Budapest. Alina Reyes à la fois est subjuguée par son double qu'elle désire rencontrer et le déteste. Ce reflet du protagoniste féminin représente l'obscurité et la terreur de l'inconnu menaçant.

L'idée d'invasion guette dans toute l'œuvre de Cortázar mais elle acquiert ici de nouvelles dimensions. Alazraki semble avoir raison, à nos yeux, lorsqu'il affirme que ce conte expose un cas clinique de schizophrénie. Cela est illustré par la division croissante du « moi » du personnage qui justifie et explique que la présence du double éloigné s'impose depuis l'intériorité même d'Alina Reyes. Cependant ceci n'est qu'un résumé de l'analyse citée qui est bien plus vaste [1].

Le transfert d'identité entre la mendiante lointaine et la jeune mariée – dont le divorce, certainement lié à ce processus, est annoncé dans la seconde phrase du paragraphe final – donne une consistance à l'existence charnelle du double. Irène Boissière voit cet aspect comme une modalité de type magique car il n'apparaît pas problématisé par une interrogation ou par un doute [2].

Une ingénieuse différence peut être perçue entre *La lointaine* et un conte écrit un peu auparavant par Cortázar, qui appartient à la même série et qui s'intitule *Les portes du ciel*. Dans ce dernier, le thème du double semble être réduit à son expression minimale : celle de la *ressemblance fortuite* entre deux êtres comme explication du mystère du dédoublement. Le narrateur autobiographique y représente également un niveau totalement opposé à celui de son interlocuteur. Comme dans le cas d'Alina Reyes dans *La lointaine*, cela dramatise la présence de l'autre ou de l'altérité. *Les portes du ciel* se centre sur l'histoire de Celina, jeune femme tuberculeuse qui travailla dans un cabaret des faubourgs. Mauro l'en arracha pour lui offrir une pauvre vie matrimoniale dans un quartier triste de Buenos Aires. Elle se transforme ainsi en une version métisse de *La Bohème* ; elle peut également se référer aux personnages d'un tango populaire, vus dans une optique médiatisée par la culture du narrateur.

Après la mort de Celina, le retour du narrateur – qui est un avocat d'un grand raffinement – à un lieu semblable à celui où elle dansait autrefois permet de préciser et de rendre vraisemblable, dans le conte, la perspective de ce qui est populaire et marginal. Le bestiaire se construit dans ce texte grâce à une vision strictement intérieure liée au point de vue narratif, car le discours de l'énonciateur situe les monstres dans la masse en sueur et grossière des danseurs. Cependant, cette optique ne semble point rassembler toutes les conditions pour permettre durablement la présence de la figure de ce personnage féminin qui danse une « milonga » de dos, presque noyé dans la multitude et la fumée. En effet, le miracle d'une Celina revenue à la vie grâce au rêve de l'avocat – narrateur paraît impossible.

> – *Est-ce que tu as remarqué ? demanda Mauro.*
> – *Oui.*
> – *As-tu remarqué comme elle lui ressemblait ?*
> *Je lui répondis que non, le soulagement me pesait plus que la pitié ; il se trouvait de ce côté-ci, le pauvre se trouvait de ce côté-ci et il n'arrivait pas à croire ce qu'ensemble nous avions su* [3].

Le discours pose, de manière voilée, le problème de la dichotomie entre les deux côtés possibles de la réalité. Ainsi,

85

une division binaire s'établit entre vie authentique et existence aliénée, entre paradis de « milonga » et confortable enfer culturel, entre savoir profond et connaissance superficielle, entre vision apparente et vision métaphorique, entre une veillée funèbre chez Mauro et un bal populaire au Santa Fe Palace. Ce dernier pourrait ouvrir *Les portes du ciel* faubourien de Celina.

Beaucoup de choses ont été dites à propos de ce conte qui joue avec le réalisme. Pourtant, aucun commentaire n'a été fait sur l'ambiguïté de la perspective narrative créée par Hardoy, l'énonciateur, qui est projetée sur le couple formé par Celina et Mauro. Pour Mauro qui a arraché Celina de l'enfer de la prostitution, les *monstres* du bestiaire n'existent pas puisqu'il est l'un d'entre eux. Sa vision est opposée à celle de Celina qui voit dans ce monde son véritable paradis. La vision « métempsycotique » de Hardoy est celle qui laisse non seulement entrevoir la défunte mais aussi comprendre un message sur le sens profond du bonheur. Dans ce dernier, il n'existe pas des *monstres* mais des figures de relation qui fonctionnent différemment de celles qui sont conventionnelles.

En s'appuyant sur la relation établie entre les deux protagonistes, de nombreuses études associèrent le conte intitulé *La nuit face au ciel* au modèle d'analyse fondé sur le dédoublement. Tout semble pourtant les réunir : l'un est un jeune homme du XXe siècle qui a un accident de la route ; l'autre est un guerrier motèque qui mourra sur l'autel du sacrifice durant une *guerre fleurie* pré hispanique. Nous pensons que divers éléments justifient la constitution d'un groupe semblable permettant une interprétation différente de ce récit et de ceux avec lesquels il forme une série commune. Les données oniriques et la façon dont celles-ci envahissent la banalité de la veille quotidienne soulignent donc la spécificité de ces textes. Ainsi, ils sont construits à partir d'une structure liée à la symétrie spéculaire. Cette caractéristique rapproche *La nuit face au ciel* de quelques contes de Borges, comme par exemple *Les ruines circulaires*. Cortázar dépassera pourtant ce statut pour exposer la dissolution du réel en donnant le pouvoir à l'onirisme postopératoire. En outre, il la mettra en rapport avec une autre thématique fondamentale : le remplacement de l'identité.

Dans *La nuit face au ciel* tout commence à partir d'un accident de motocyclette dont est victime un jeune homme dans une ville moderne. Dans sa chambre de malade, les périodes de veille alternent avec des instants où le rêve envahit lentement le réel. C'est ainsi que s'y installe peu à peu la présence d'un Indien motèque traqué dans une nature sauvage par des Aztèques qui veulent le capturer pour le sacrifier. Les moments d'éveil deviennent chaque fois moins nombreux alors que les apparitions du guerrier poursuivi sont de plus en plus insistantes dans la conscience du blessé. En outre, ce dernier rêve continuellement d'une réalité qui n'est point la sienne et qu'il ne peut expliquer.

La situation initiale du conte peut être considérée comme vraisemblable puisqu'elle se rapporte à l'expérience d'un accidenté, d'un convalescent. Celui-ci subit les effets du chloroforme qui le place dans ce que Cortázar appela lui-même *les états de passage*. Ces derniers sont perméables à l'altération spatio-temporelle et inclinent vers la formation d'une seconde réalité. Celle-ci est proche de la « réalité profonde » des surréalistes ; elle se caractérise par l'ouverture sur des modalités paralogiques de la perception du réel.

La superposition de la temporalité et de la spatialité devient plausible à partir de l'état postopératoire du personnage qui va en empirant à mesure que les heures passent. Aussi, le cauchemar qui le hante pourrait-il être attribué à la somnolence produite par le choc de l'accident puis par les somnifères qui lui ont été administrés afin qu'il ne souffre pas.

La nuit face au ciel se présente comme le premier niveau du mécanisme de l'explication de zones contiguës : en effet, il indique des domaines de la réalité encore reconnaissables, discernables, qui s'ouvrent cependant sur l'étrange. Ce texte utilise intensément ces seuils d'ambiguïté pour mieux envahir le territoire de la veille qui est vite supplanté par celui du rêve. Parallèlement, ce dernier s'impose comme le dénouement même de la réalité grâce à l'inversion géniale que Cortázar y projette. La fin du conte nous présente effectivement le monde comme étant celui du Motèque qui est sur le point d'être sacrifié : il rêve ou entrevoit une ville futuriste avec d'énormes édifices, les lumières vertes et rouges – des feux clignotants – qui illuminent sans flamme, et un grand insecte de métal qui bourdonne sous ses jambes – la motocyclette. Aussi, *la mort-nuit* face au ciel à l'hôpital se transforme en la duplication de la mort-nuit *face au ciel* sur un autel de la guerre fleurie. Chacun de ces deux secteurs est jalonné de marques exactement équivalentes : le jeune motard/le guerrier motèque ; la senteur de guerre/l'odeur de chloroforme ; les marécages aztèques la fièvre post-opératoire. Ces différentes étapes estompent les limites séparant l'apparence du réel, le vraisemblable du surnaturel.

Ce récit tient une place primordiale dans l'œuvre de Cortázar. Il utilise de nombreux thèmes et motifs fantastiques : la réincarnation, la duplication thématique et le double en tant que motif littéraire à travers les protagonistes, sans oublier les phénomènes métempsycotiques liés à l'hallucination et au transfert. Ces derniers gagnent en crédibilité dans le contexte d'un choc postopératoire tel qu'il apparaît dans le conte étudié.

D'une façon générale, il est important de rappeler que ce conte peut s'inscrire dans une exploration des états préliminaires de la pathologie ; états qui permettent l'étude du dédoublement considéré comme la projection intérieure du rêve éveillé. En ce sens, un tel récit annonce ce motif plus tardif qu'est la formation de la figure cortazarienne. Ici les éléments *chronotaraxiques*, relatifs à la perception de la temporalité, s'avèrent essentiels à travers l'unification, qui s'effectue dans la conscience de l'homme chloroformé, de deux identités et de deux époques incompatibles. Dans ce texte, *l'anamnèse*, ce phénomène pouvant provoquer la constitution des figures, s'apparente à un rejet de la conscience en tant que révélation de la continuité historique et, inversement, à une affirmation de l'analogie comme fondement de l'enrichissement du réel. *La nuit face au ciel* est un récit dont l'élaboration se situe à la même période que celle d'*Axolotl*, et il coïncide avec l'exil définitif de l'auteur. Il explore, à un niveau mythique et onirique, une dimension

originale d'une réalité américaine contrastant avec la propre
réalité de l'écrivain.

2. LE DOUBLE COMME MÉTAMORPHOSE, LA POSSESSION DÉMONIAQUE OU LA RÉINCARNATION

Après *La lointaine, Les portes du ciel* et *La nuit face au ciel, Les armes secrètes* est le premier conte important de Cortázar à reprendre la problématique du double. Ce récit donne son titre au recueil entier qui fut publié en 1959. La notion du dédoublement et toutes les instances relatives à l'identité s'y voient considérablement enrichies par les avatars de la métempsycose. Celle-ci est comprise comme la possibilité de réincarnation d'un être en un autre ; entre eux, les contacts n'existent pas apparemment puisqu'ils sont, en grande partie, la projection d'une troisième créature.

En effet, l'histoire des *Armes secrètes* est celle d'un jeune couple banal vivant dans le quartier de Saint-Sulpice à Paris. Michèle est depuis peu une employée de bureau ; Pierre est un étudiant du Quartier latin. Tous deux cherchent à concrétiser leur première expérience amoureuse et sexuelle. Pour ce faire, ils doivent attendre les vacances afin de disposer de la maison de l'un de leurs parents à Clamart. Les réticences de Michèle, son hermétisme sur son passé, les étourderies de plus en plus nombreuses de Pierre trouvent un écho dans la présentation progressive et répétitive de véritables leitmotive de l'étrangeté croissante qui s'installe dans le récit. Ceux-ci deviennent des indices mystérieux qui brisent la banalité quotidienne des personnages.

Tel est le rôle de la référence à Enghien durant la deuxième guerre mondiale qui attire les souvenirs du viol de

Michèle par un soldat allemand, de la boule de verre sur une rampe d'escalier, de feuilles sèches qui craquent, du *lied* de Schumann, du fusil à deux canons. Ils envahissent, à plus de dix reprises, la mémoire de Pierre qui ne sait point ce qu'ils signifient : en réalité, il ignore tout de l'outrage que Michèle a subi. En fait, l'invasion d'une identité étrangère, violente et vengeresse, prend possession de lui : il s'agit du jeune allemand qui fut fusillé par les amis de Michèle. Ainsi, ce dernier se réincarne depuis la vision et la perspective du personnage féminin qui sera assassiné au moment de la rencontre amoureuse. Aussi, Pierre se transforme en actant obligé d'un drame qu'il méconnaît, détruisant finalement la femme qu'il aime.

Dans *Axolotl*, l'acte de rupture « métalepsique » – *le Je est un autre* – installait depuis le début du récit l'aspect exceptionnel de la métamorphose. Au contraire, *Les armes secrètes* impose la graduation du processus de réincarnation en l'appuyant sur la transformation psychique soufferte par le protagoniste qui coïncide ainsi avec la projection psychologique de Michèle. Si le cas clinique semble être clair – frigidité ou rejet de l'acte amoureux comme conséquence d'un traumatisme vécu dans l'enfance qui serait le viol par l'Allemand –, cela n'explique en rien le conte lui-même. En effet, ce dernier expose principalement le thème de la réincarnation à travers l'une de ses formes les plus extrêmes : la possession démoniaque de la personnalité. Le fantastique s'y glisse grâce à une combinatoire caractéristique de Cortázar. Elle se fonde sur l'écriture interstitielle, le décalage soudain qui remet en question le rationnel tout en laissant passer un autre genre de connaissance. Celle-ci se base sur une citation de Victor Hugo à propos du centre de voilure des bateaux : « lieu de convergence et point d'intersection mystérieux, rassemblant toutes les forces et le poids des voiles dépliées, Il est difficile à déterminer même pour celui qui a fabriqué le navire ».

Il se produit une variante originale du dédoublement de soi, dans *L'île à midi* du volume publié en 1966 *Tous les feux le feu*. La bipolarité du monde cortazarien, la notion de passage, le symbolisme mythique lié à l'idée d'île finale ou centre irradiant révélé par le titre du conte, et la présence d'un paradis perdu auquel on ne peut accéder que dans l'acte conclusif de la mort, y atteignent une intensité exceptionnelle. Une brillante étude au nom modeste *Note sur « L'île à midi »* met en relief le symbolisme mythique du texte, en incluant l'interdiction de regarder en arrière comme élément central d'une expérience qui aboutit à l'échec. Puisant ses origines dans le thème biblique de la femme de Lot, elle est surtout significative dans la descente d'Orphée aux Enfers qui, renonçant à tout, part ainsi à la recherche d'Euridice. De la même manière, le personnage principal du texte de Cortázar, Marini, abandonne son travail ; au service hebdomadaire qu'il était tenu d'assurer comme steward dans une compagnie aérienne survolant l'île Xiros, il préfère aller vivre justement dans cette île paradisiaque, en dehors du monde. Cependant, il ne peut résister à la tentation de regarder l'avion qui le transportait auparavant et qui a un accident sous ses yeux.

Nous savons quelles sont les connotations de la métempsycose dans le fascinant récit cortazarien : la bipolarité entre, d'une part, la vie médiocre et monotone d'un homme qui distribue des plateaux dans un avion et voit toujours à midi, par le hublot, l'île en forme de tortue dorée, et d'autre part la présence d'un monde pur et primitif situé en dehors des circuits qui amènent les « hordes touristiques de Gengis Cook », comme les appelle férocement l'un des personnages féminins du conte.

Du point de vue technique, le problème de dédoublement présent dans ce conte est tout à fait intéressant. En effet, il n'implique point la présence du double comme dans les autres récits étudiés dans ce chapitre et notamment *La lointaine* où apparaissent Alina Reyes et la mendiante de Budapest. Dans *L'île à midi*, une seule et même personne subit le processus d'ubiquité ; la perméabilité du moi face à un monde où ont disparu les limites entre réalité et fantastique est tout à fait remarquable. Le narrateur la commente en utilisant les termes suivants :

> *Tout cela n'avait pas grand sens, voler trois fois par*
> *semaine au-dessus de Xiros c'était aussi irréel que*

de rêver trois fois par semaine qu'il volait au-dessus
de Xiros à midi [(4)].

Très étrangement centré sur le diurne et le lumineux, ce récit ne comporte pas le passage imposant la transformation ontologique du double. De ce point de vue, il semble être opposé à *L'autre ciel*, conte nocturne où l'obscurité de Paris ou de Buenos Aires constitue l'un des éléments dans lesquels s'insèrent la duplication et l'ubiquité du moi.

Le schéma opacité-transparence y fonctionne à travers la même métaphore qui fait de l'aquarium de *Axolotl* la barrière invisible et transparente de l'altérité absolue. En effet, Cortázar s'est référé à maintes reprises à l'aquarium ou à la bulle de cristal comme symbole d'un état différent de la matérialité mécanique des choses. Il y fait directement allusion dans *L'île à midi* :

> *Et pendant le vol tout était aussi flou, facile et stupide, jusqu'au moment où il pouvait s'approcher du hublot arrière et sentir le verre froid comme la vitre d'un aquarium où se déplaçait lentement la tortue dorée dans l'azur épais* [(5)].

Le passage de « l'autre côté » s'opère grâce à la superposition de la réalité et de l'assoupissement, de sorte que les limites entre les deux ne peuvent trouver une explication ou une résolution que dans la voie tragique de la mort. Aquarium ou tortue, l'île est d'origine crétoise selon l'affirmation de Marini ; ainsi, elle est proche du labyrinthe de Dédale et elle demeure impossible à atteindre.

Cependant, ne tombons point dans l'erreur commise avec fréquence par la critique. En effet, cette histoire où la transitivité du moi est une expression du passage vers la plénitude ontologique de Marini dans l'altérité absolue de l'île-paradis, n'est pas invalidée par l'expérience de l'échec – au retour de l'autre côté de la réalité. Tous les indices linguistiques avec lesquels est présentée l'expérience ambiguë du passage apparaissent comme des transferts métaphoriques culminant dans le changement des temps verbaux du conditionnel en factuel. Le passé simple rapproche l'expérience de l'assoupissement du niveau empirique dans lequel les limites de la causalité sont remplacées par l'analogico-mythique.

> *Il debarqua aux premières lueurs du jour et le capitaine le présenta à un vieux qui devait être le patriarche. Klaios le prit par la main gauche et lui parla lentement en le regardant dans les yeux* [6].

Les pas dans les traces appartient à ce volume abyssal qu'est *Octaèdre* (1974). Les phénomènes fantastiques s'y intériorisent dans les voix des narrateurs de manière remarquable. L'apocalyptique, ce qui est obscurément irrationnel, la présence de l'absurde imprègnent tous les récits où vide et mort guettent.

La modalité fantastique postulée dans ce texte est celle de la possession démoniaque. Un critique et essayiste littéraire est subjugué par l'esprit et la biographie « apparente » d'un grand poète du passé. En effet, le célèbre poète Romero est une figure ambiguë dont la vie et la production artistique restent dans l'ombre ou bien sont polémiques. Jorge Fraga travaillera durant plus de deux années afin de réunir les matériaux nécessaires à la réinterprétation de la vie et l'œuvre du poète, et pouvoir ainsi établir une véritable biographie. Celle-ci se révélera être fausse puisqu'il idéalise le poète et, par la suite, elle sera niée par son auteur même dans le discours de réception du Prix National de Littérature.

> *Un journaliste fit la remarque que Fraga avait donné l'impression d'être « indisposé » (mais l'euphémisme était clair), entre autres parce qu'il avait plusieurs fois parlé comme s'il était Romero lui-même...* [7]

Le biographe épouvanté affirme à son épouse :

> *C'est idiot de supposer que je suis un médium, je n'ai rien à voir avec Romero...* [8]

Dans *Les armes secrètes*, la figure de l'officier allemand envahissait peu à peu l'identité du protagoniste, frustrant son acte amoureux avec la jeune femme. Nous retrouvons dans *Les pas sur les traces* la même possession démoniaque : elle oblige Fraga à parler comme s'il était l'autre, ou bien à agir presque involontairement. En effet, il est guidé par un destin qui vient du passé et qui lui est imposé à travers le sommeil obsessif ou l'arbitrarité de l'inconscient.

Dans cette problématique de la possession d'un être ou d'une identité par un autre être analogue, nous intégrons *Deuxième voyage* écrit par Cortázar à la fin de sa vie et inclus en 1983 dans *Heures indues*. Au premier abord, il semble ressembler thématiquement à *Torito* écrit en 1966 puisqu'il se centre, comme ce dernier, sur la vie des boxeurs. Or, *Torito* est un récit réaliste destiné, à travers un monologue intérieur, à montrer la déchéance existentielle et vitale d'un boxeur ayant raccroché ses gants. Malade et alité, il se souvient aussi bien des moments de gloire que de ceux de pauvreté.

A l'inverse, *Deuxième voyage* est totalement marqué par le traitement de la possession démoniaque. Celle-ci y constitue une voie d'accès à la réincarnation temporelle d'un boxeur mort ; en effet, un autre boxeur, soumis par l'acte de possession, tentera de venger l'échec du défunt aux États-Unis face à un certain Giardello. Plus rapide et maîtrisant sa technique, ce dernier a pour rôle de les vaincre tous deux en produisant la mort. Comme dans le conte antérieur, le résultat final de l'expérience de possession est le dépouillement et le vide total de l'identité des personnages. L'ami qui vit l'opération au cerveau du boxeur vaincu après sa chute sur le ring, raconte au narrateur témoin :

> *– J'ai jamais rien vu de pareil, vieux. C'était comme si on l'avait torturé, comme si quelqu'un avait voulu se venger de je sais pas quoi. Je peux pas t'expliquer, il était comme vidé, comme si on l'avait aspiré, comme s'il n'avait plus une goutte de sang, pardonne-moi ce que je dis là mais je sais pas comment le dire, c'était comme si lui-même avait voulu sortir de lui, s'arracher à lui, tu saisis. Comme une vessie dégonflée, un pantin cassé, tu te rends compte, mais cassé par qui, pour quoi ?* [9]

Le conte pourrait être considéré également comme un beau poème sur l'amitié ; en effet, c'est grâce à ce sentiment et à l'admiration pour son ami mort, que Ciclon entre peu à peu dans le monde de celui-ci afin de pouvoir le venger. Ainsi, les motifs du double se trouvent être considérablement enrichis par Cortázar qui invente le double fraternel, bien différent du double-antagoniste qui apparaît par exemple dans *Docteur Jeckyll et Mr Hyde*.

Nous trouvons ce même motif dans *L'île au trésor* de Stevenson avec Jim et l'apprenti ; il s'agit d'un frère (symbolique) qui part à l'aventure ou bien à la guerre. Dans le conte de l'auteur argentin, il s'agit d'un combat de boxe devant se dérouler aux États-Unis. Dans les deux textes, le roman de Stevenson et le récit cortazarien, le personnage trouve sa place prise par le frère. Cependant, dans *Deuxième voyage*, il n'y a point de voyage de retour et l'acte de possession ou d'invasion démoniaque s'achève sur la mort et le vide.

Dans ce groupe on peut observer que les personnages qui devront subir le processus de la duplication ou du dédoublement sont souvent des non-initiés qui souffrent – en tant que victimes fatales – de l'invasion d'une autre identité invisible. C'est le cas de Michel déjà évoqué dans *Les armes secrètes* et celui de Ciclon Molina dans *Deuxième voyage*. Dans ces deux œuvres les personnages ont une fonction proche de celle d'un médium et ils sont inconscients de ce qui leur arrive.

C'est aussi le cas du conte *Les pas dans les traces*, dans lequel Jorge Fraga n'arrive pas à expliquer le processus d'identification avec le poète Romero, qui le fait parler comme si c'était lui. Dans *L'île à midi* la situation est légèrement différente puisque Marini, le protagoniste qui arrive dans son paradis de Xiros est peut-être son propre double. C'est un dédoublement dans lequel l'original est pour ainsi dire l'agent même du processus, et de cette manière, les sujets du premier niveau (l'original) et ceux du deuxième (le dupliquant) représentent en fait la même personne.

Cependant, dans tous les cas cités ici, la suprématie qu'atteignent les personnes du premier niveau se réfère ainsi à des morts ou à des disparus, soulignant ainsi les portées tragiques du doublement en tant que perte d'identité.

3. DUPLICATION ET FORMATION
DES FIGURES

Le groupe que nous présentons ici est en fait un dérivé du groupe antérieur, relatif à la duplication, dont la manifestation la plus évidente est le double. En effet, à l'exemple de la critique dans son ensemble, nous aurions pu le considérer comme une nouvelle expression dépendante de ce thème. Ce nouveau groupe est pourtant légèrement distinct ; il est constitué des récits intitulés *Une fleur jaune*, *L'autre ciel*, *Tous les feux le feu* et *Vents alizés*, que nous allons analyser ci-dessous.

Intégré à la seconde édition de *Fin d'un jeu*, *Une fleur jaune* est un conte ultérieur. De par sa complexité, il peut être inclus dans une classification liée au thème *des figures*, qui a déjà été mentionné dans les pages précédentes. Cependant, il est évident que, dans ce conte, la notion de *figure* reste à un niveau liminaire : c'est effectivement la première fois qu'il est fait allusion directement à cette dernière. L'un de ses traits distinctifs se construit sur la présence évoluée du double. Dans un bistrot de la rue Cambronne à Paris, un retraité ayant travaillé à la municipalité raconte l'expérience qui le porta à faire la connaissance de son double. Il le rencontra en la personne d'un garçon de treize ans, Luc, dans un autobus de la ligne 95. Dès le commencement, le lecteur peut percevoir l'évolution du modèle typologique du double par rapport à la *ressemblance fortuite* de *Les portes du ciel*, ou par rapport au transfert inhérent à la dissociation de l'être dans *La lointaine*, exprimée par la présence d'un sujet différent de l'original.

En effet, *Une fleur jaune* utilise la thématique de la dualité à travers la perspective métempsychique qui crée des êtres non pas identiques mais analogiques. Ainsi l'affirme d'ailleurs le narrateur :

> *Luc était moi, ce que j'avais été enfant, mais n'allez pas craindre qu'il fût un calque. Plutôt comme une figure analogue, vous comprenez : c'est-à-dire qu'à sept ans je m'étais démis un poignet et Luc la clavicule...* [10]

Le travail du narrateur intériorisé à la troisième personne – narrateur encadré – consiste à faire alterner sa fonction avec la citation des longs monologues de l'homme qui rapporte son expérience du double en tant que duplication analogique. Celle-ci est destinée à nous offrir une version différente des trois autres déjà mentionnées. Elle tente de présenter, dans la figure du double, ce thème de la réincarnation à travers des connotations qui amènent à remettre en cause certains principes métaphysiques de l'être :

> *...Le pis c'était que Luc mourrait à son tour et qu'un autre répéterait la figure de Luc et la mienne, et quand cet homme mourrait, un autre entrerait dans le cercle. Luc ne lui importait presque plus ; la nuit, son insomnie se projetait au-delà, vers un autre Luc, vers d'autres qui s'appelleraient Robert, Claude ou Michel, une théorie à l'infini de pauvres diables...* [11]

Ainsi, un sens métaphysique se dissimule dans ce conte fantastique. Les thématiques du déterminisme et du libre arbitre, de l'être et du néant, de l'identité signifiante face à l'inexistence quotidienne, s'y trouvent posées. Ce contexte devient possible grâce au personnage qui relate ses obsessions de réincarnation de manière inversée par rapport au mode traditionnel. Au début du texte, il refuse l'idée de continuité morale et biologique de l'espèce, au nom de l'intensité vitale qui cache, en fait, la notion de l'authenticité légitime de l'existence humaine. Telle est l'origine de l'élimination voilée de Luc dans la narration. Néanmoins, la rupture de la chaîne obsessive mettra le narrateur de cette expérience face au néant ; elle est symbolisée par une belle fleur jaune que le protagoniste voit en traversant les jardins du Luxembourg à Paris, donnant par là même son titre au récit.

A travers *Une fleur jaune*, le génie de Cortázar a enrichi le thème du double en l'associant à celui de la réincarnation, pour mieux exposer une problématique de type existentiel, en un sens paraphrastique. En outre, ce qui sépare ce conte des *Armes secrètes*, ou de *L'île à midi*, c'est bien le fait qu'un tel texte en arrive à rattacher les déplacements de l'identité au phénomène analogique des figures, si l'on en croit l'auteur lui-même :

> *Tout était analogue, et ainsi, pour vous donner un exemple significatif, il se pourrait bien que le boulanger du coin fût un avatar de Napoléon mais il ne le sait pas, lui, car l'ordre ne s'est pas altéré, il ne rencontrera jamais la vérité dans un autobus. Mais s'il pouvait, d'une façon ou d'une autre, comprendre qu'il est en train de répéter Napoléon, que passer de plongeur à propriétaire d'une bonne boulangerie à Montparnasse cela équivaut à sauter de Corse sur le trône de France et que si l'on cherchait soigneusement dans l'histoire de sa vie on y trouverait les moments qui correspondent à la campagne d'Egypte, au Consulat et à Austerlitz...*[(12)]

Cette véritable postulation théorique d'un système de correspondances analogiques, qui engendrent la formation de quelque figure, sera mise en œuvre deux années plus tard dans le recueil *Tous les feux le feu* (1966), où le conte intitulé *L'autre ciel* donne à voir une figure multiple d'une grande complexité, émanant des correspondances établies entre les nombreux doubles. Ainsi, les récits vont de la ressemblance fortuite à la réincarnation comme possession démoniaque, en passant par les étapes plus classiques de la métamorphose traditionnelle et de la dissociation de la personnalité. De fait, dans *L'autre ciel*, un « je » narratif, qui a le don d'ubiquité, raconte son initiation amoureuse au cœur du passage Güemes, dans le Buenos Aires des années 30, ainsi que ses déambulations le long de la galerie Vivienne à Paris, presque un siècle plus tôt, soit, en 1868. Comme l'a pertinemment souligné la critique, tout ici est construit de façon spéculaire, tel un reflet de deux mondes à la fois parallèles et opposés où les correspondances sont réciproques : à la menace de l'invasion prussienne dans la France de 1868 répond la répression argentine de 1945 annonçant la dictature péroniste ; à une guerre du XIXe siècle correspond la fin de la deuxième guerre mondiale en Argentine. De même, un système d'échos transparaît à travers l'évocation des personnages. C'est ainsi que le Sud-Américain – ce personnage appartenant au secteur narratif relatif au Paris de 1868 en qui on a pu voir la personne de Lautréamont (« L'autre monde ») – apparaît comme un alter ego du narrateur, lequel renvoie, à son tour, au Cortázar de 1945. De plus, la critique [13] a noté qu'il existe une similitude phonétique entre le nom de l'assassin qui a semé la terreur dans le Paris de l'invasion prussienne – ledit « Laurent » – et celui de Lautréamont, l'auteur de ces *Chants de Maldoror* parus en 1868, date à laquelle remonte le début des événements parisiens liés à la galerie Vivienne. D'une façon parallèle, le personnage de Laurent, qui incarne ce mal absolu auquel Cortázar a rendu un hommage ambigu dans *Relations suspectes* – essai solidement documenté sur Jack l'Eventreur et d'autres assassins [14] – masquerait en fait un étrangleur lâche et banal, nullement mythique, appelé Paul. Plus encore, le système tend à se complexifier davantage, puisque, s'il existe bien un rapport entre le Sud-Américain et Lautréamont, un parallèle peut également être établi entre le narrateur et Maldoror, le héros éponyme du poème d'Isodore Ducasse (dit Lautréamont) : car, au cours des différents chants du poème en prose, celui-ci a précisément la faculté de changer de lieu et d'identité avec une prodigieuse rapidité, qui donne toute sa beauté au fantastique et à la *folie de l'œuvre*.

Nul doute, du reste, que l'un des fils conducteurs de ce récit ne se trouve dans la recherche d'une figure de la liberté, constituée par les multiples doubles qui peuplent le conte. Et les personnages féminins ont aussi à voir avec l'élaboration latente de cette figure : Irma et Josiane se font pendants ; la fiancée et la prostituée se répondent ; ce qui revient à dire, en somme, que la jeune femme inhérente au secteur narratif de Buenos Aires – cette Irma qui représente le mariage, les enfants, le travail et les impôts, et la prostituée enjouée, et presque libre, avec laquelle le double parisien du courtier en Bourse fait l'amour dans une mansarde délicieuse et bohème de la rue Vivienne alors que la menace assassine de Laurent se précise, sont emblématiquement liées.

La recherche de *l'autre ciel* est l'autre motif subjacent de ce récit exceptionnel, on peut percevoir son ébauche dans ce conte antérieur, écrit vingt ans plus tôt et incorporé dans *Bestiaire*, s'intitulant, de façon révélatrice, *Les portes du ciel*. Mais dans *L'autre ciel*, l'auteur a effacé l'exotisme folklorique teinté de milonga, tout comme il a gommé l'idée du retour illusoire d'un être aimé à travers un double. Ici, la présence complexe des différents doubles et des nombreuses correspondances a à faire avec la possibilité d'une liberté qui, au fur et à mesure, semble de plus en plus fugace et transitoire. L'opposition *là-bas/ici* est alors l'ombilic de ce drame autour du double et de la perte d'identité, comme le dénonce l'épigraphe, tirée du quatrième chant des *Chants de Maldoror*, qui coiffe le récit : « Ces yeux ne t'appartiennent pas... où les as-tu pris ? ». Cette opposition est ainsi la base même d'un conte où apparaît la richesse infinie d'une *figure de constellation*, que vient tracer un hasard tout aussi lumineux que celui qui conduit Nadja à dessiner une carte concrète de l'imaginaire dans le Paris de Breton et de ses amis. Et c'est là que réside le sens de la rencontre avortée entre le narrateur cortazarien et le Sud-Américain. A plusieurs reprises le narrateur décide de s'approcher de l'étranger (après tout, ne parlent-ils pas tous deux l'espagnol ?), mais, ni au café, ni à la Roquette au cours de l'exécution capitale à laquelle assistent les personnages, il ne trouve le courage de l'accoster : quelque chose qui ressemble à un acte manqué, à un lapsus du rêve profond, l'en empêche

> ...*Maintenant je ne suis plus qu'un de ceux si nombreux qui se demandent pourquoi, à un moment donné, ils n'ont pas fait ce qu'ils avaient envie de faire. (...) Et cependant je crois que j'ai eu tort, que j'ai été au bord d'un acte qui aurait pu me sauver* [15].

L'attraction et la fascination de « l'autre côté » en tant que symbole de la fin de l'opacité du monde, en tant que possibilité d'un refus de la vie médiocre et quotidienne, et en tant qu'ouverture sur des zones enrichies de la communication et de la liberté humaine, sont omniprésentes dans les contes de Cortázar. En ce sens, il existe un lien entre *L'autre ciel* et *La lointaine*, ce conte de *Bestiaire* antérieurement analysé, où le motif cortazarien du passage, avec ses connotations propres à la duplication et à l'ubiquité, apparaît pour la première fois. Mais la similitude de ces deux textes ne se vérifie qu'à un niveau liminaire de la textualité : en l'occurrence à travers l'opposition vie bourgeoise/vie bohème qu'expérimentent à la fois le narrateur de *L'autre ciel*, déchiré entre un Buenos Aires familial et un Paris plus émancipé, et le personnage de *La lointaine*, dans son rapport à la réalité coutumière et à l'existence de la mendiante de Budapest. *L'autre côté*, compris comme voie d'accès à la liberté et à l'achèvement de l'être, pointe dans le facile va-et-vient du rêve et de la veille que connaît le narrateur. Et, alors qu'un récit comme *Les portes du ciel* met à jour « un passage » purement imaginaire, puisque l'apparition du double ne se concrétise que dans la pénombre étouffante d'une piste de danse, ou encore dans l'imagination enfiévrée des deux personnages masculins, *L'autre ciel* montre, au contraire, l'ubiquité dans sa parfaite réalisation. Aussi, l'aisance avec laquelle le narrateur passe d'un côté à un autre a-t-elle beaucoup à voir avec la nature même des différentes galeries : ces lieux du passage et de la transition voisins de la forme traditionnelle du labyrinthe. Pourtant, comme cela arrive dans tout labyrinthe moderne – réplique externe d'un dédale intérieur – le personnage ne va vivre qu'un semblant de liberté, car d'une part, l'amour, apparemment accompli, qui l'unit à Josiane a pour entrave « le maître », le protecteur de la jeune femme, et, d'autre part, dans l'espace argentin du côté de Buenos Aires, l'acceptation de la « normalité » passera par l'abandon du passage Güemès et l'incorporation dans la relative médiocrité du mariage bourgeois. La mort du Sud-Américain, de l'alter ego de Lautréamont et du narrateur, annihilera l'ubiquité du courtier en Bourse, lequel délaissera peu à peu la vie de « l'autre côté » en la réduisant, finalement, à un schéma purement nostalgique de l'impossible passage. Ainsi, la fin du conte, malgré ses notations politiques faisant allusion à l'élection présidentielle de 1946 qui porta Peron au pouvoir, marque surtout l'établissement du « je » narratif dans l'un des côtés de la réalité : celui de la résignation au quotidien routinier, celui de l'indifférence, de « la masse gluante qui se proclame monde », et de « la brique de verre », où s'installent ceux qui ont une conscience élastique, comme le souligne Cortázar dans *Cronopes et fameux* (1962).

Tous les feux le feu, le conte appartenant au recueil homonyme, est un autre récit anthologique qui peut légitimement entrer dans l'ensemble concernant l'ubiquité, le passage du « je » dans les zones opaques et barrées de la réalité, la duplication, et la formation des figures. De fait, les couples de doubles qui interviennent ici forment une figure instable et transitoire, quoique unie et effective, par le truchement de deux incendies séparés dans le temps et dans l'espace, dont les flammes exécutent symboliquement le tracé.

Il est évident que la présence d'un triangle amoureux formé par Jeanne, Roland, et Sonia, dans un appartement du XXe arrondissement de Paris, auquel équivaut le triangle de la Rome d'Auguste que constituent le proconsul, sa femme Irène, et Marco le gladiateur, tend à composer une figure bien plus complexe que celle qui affleure dans *Une fleur jaune* : cette dernière ressemblant plutôt à une simple figure de la contiguïté, tandis que par ailleurs, la figure multiple et triangulaire de *L'autre ciel*, de par sa qualité de *constellation*, peut être rapportée à certains monologues théoriques du Persio des *Gagnants* :

> *Ce que j'aimerais savoir – si je pouvais me placer à la fois à l'intérieur et à l'extérieur de ce groupe – (...), c'est si le mille-pattes humain répond, dans sa constitution et dans sa dissolution, à quelque chose de plus que le hasard ; si c'est une figure, au sens magique du mot, et si cette figure est capable en certaines circonstances de se mouvoir sur des plans plus essentiels que ceux de ses membres isolés...* [16]

Un plan plus essentiel que celui du mouvement occasionnel de chacun des éléments d'une figure est ici déterminé par la potentialité d'une forme de communication et de liberté, à laquelle donne lieu cet amour entre les êtres qui, malgré l'irréductibilité et l'incompatibilité du temps et de l'espace, devrait toujours rester le même. Tous les signes et les sèmes qui unissent la situation parisienne et la situation romaine, à travers un symbolisme métonymique des plus ambigus maintes fois désigné par la critique – auquel se rapporte, par exemple, la métaphore du poisson, du filet qui enserre, des fourmis valant pour les sons confus de la liaison téléphonique, du chat qui se débat et se laisse tomber sur le dos, pareil en cela au gladiateur que la narration compare à un insecte, et auquel correspondent, enfin, les images de la flamme, de l'étincelle, et de la cigarette – expriment en fait l'idée de la permanence du mandala, de la marelle, ou du centre signifiant de l'Yggdrassill. Ce dont il s'agit ici, c'est bien d'un feu qui serait tous les feux, d'un triangle amoureux – chose vieille comme le monde – qui représenterait tous les triangles de l'amour, d'une parole, pareille à l'aleph perdu dans le premier sable ou à l'idéogramme absolu, qui dirait toutes les paroles : d'une réalité qui se situerait au-delà de l'apparence primaire du réel. Aussi, malgré l'omniprésence du thème de la mort purifiée par le feu, ce conte est-il la plus brillante exécution du projet que se propose Persio dans *Les gagnants* :

> *Je ne suis pas loin de penser qu'un jour je verrai naître un dessin qui correspondra exactement à une œuvre célèbre, une guitare de Picasso ou un compotier de Petorutti, par exemple. Si cela arrive, j'aurai alors une clef, un module...* [17]

Tous les feux le feu met donc en lumière la concaténation d'une figure instable, l'éphémère constellation dessinée par le désir de communiquer, l'anamnèse qui infirme la mort, et cette coïncidence aléatoire qui pourrait sauver un monde apparemment régi par les lois implacables du déterminisme des liaisons téléphoniques. En somme, ce récit exemplaire, basé sur les symétries inversées des neuf sections relatives à la Rome brutale des jeux du cirque et au Paris confusément cartésien du XXe siècle, aurait plu à André Breton, puisqu'il ne dénie nullement les idées surréalistes inhérentes à la *coïncidence*, en tant que signe riche de sens répondant à celui qui ose l'admettre et l'interroger, en tant que rencontre fortuite, instantanée, et fugace, d'une causalité externe et d'une finalité interne conduite par le désir ou l'amour fou, en tant que rêve légitime de celui qui, tel un thaumaturge ou un poète du fantastique, écrit afin de supprimer les scories propres à la conception commune de la réalité.

En 1977, Cortázar va publier *Vents alizés*, et c'est dans ce conte de *Façons de perdre* qu'il en viendra à explorer une autre forme de la *figure de constellation*. Mais, ce récit ne nous présente aucunement la superposition de deux époques très éloignées dans l'espace-temps. Il met en scène, bien au contraire, la vie de deux couples, appartenant à la période contemporaine, lesquels décident de changer de partenaire pour échapper à la monotonie de la vie conjugale, à l'occasion de vacances en Afrique (la narration mentionne, notamment, Mombasa et Nairobi). De fait, bien que du point de vue purement thématique il ne s'agisse ici que d'un récit sur les « échangistes », les motifs internes, qui guident les actions des personnages, placent cette œuvre mineure au cœur de l'élaboration des figures : les deux couples étant envisagés comme des doubles conduits, à la suite de « l'expérience » amoureuse, à un suicide d'ordre spéculaire à leur retour de voyage.

Le lieu de rencontre des personnages est un hôtel appelé, de façon suggestive « Trade winds », ce qui fait non seulement référence à Joseph Conrad et à Somerset Maugham (écrivains explicitement cités par le texte), mais introduit encore la perspective ironique d'une traduction littérale puisque « Trade winds » signifie « Vents du commerce », soit de l'échange, voire du troc. En apparence, les alizés constituent la voie de la liberté, comme le pensent Véra et Maurice :

> ...*Vents alizés les rendant à d'autres temps sans habitudes, comme celui qu'ils avaient eu, eux aussi, inventions et éblouissement dans la mer de draps, seulement que maintenant, seulement plus maintenant...* [18].

Pourtant, à l'image de certains des éléments thématiques inclus dans des récits aussi différents que *La barque ou Nouvelle visite à Venise* et *Histoire avec des mygales*, ils participent, en fait, d'un conte tournant autour de ce confort et de cette prospérité matérielle qui ne parviennent pas à masquer l'incommunicabilité fondamentale et le vide existentiel liés aux êtres.

Ici, les deux couples en rencontrant leur interlocuteur original réalisent cependant l'épreuve de l'apparition de spectres, tel que nous la montre la littérature fantastique traditionnelle. Thomas Walsh dans son texte *The other William Wilson* nous raconte la même chose en relation avec Poe qui parle des spectres devenus les doubles de la mort. C'est le double qui parle de William Wilson qui provoque la mort de l'original.

Ainsi, dans *Vents alizés,* la figure de la constellation que forment les quatre personnages renferme une impossibilité et une frustration reflétées aussi par *Tous les feux le feu*, ou par *L'autre ciel.*

NOTES

1. Par contre nous doutons de l'interprétation d'Alazraki lorsqu'il attribue à la mendiante la « zone lumineuse » propre à Alina Reyes. C'est cette dernière qui affirme : « Elle se pliera si elle est vraiment moi, elle s'ajoutera à ma zone lumineuse ». Sa lecture est proposée dans « Homo sapiens », in *Revista Iberoamericana*, n° 84-85, 1973.

2. I. Bessière : *op. cit.*, p. 150.

3. J. Cortázar : *Relatos, op. cit.*, p. 469.

4. J. Cortázar, *Tous les feux le feu*, trad. Laure Guille-Bataillon, p. 126.

5. *Ibid.*, p. 125.

6. *Ibid.*, p. 127.

7. Cortázar, *Octaèdre*, Gallimard, p. 38.

8. *Ibid.*, p. 50.

9. Cortázar, *Heures indues*, Gallimard, p. 38.

10. Cortázar, *Gîtes*, Gallimard, p.78.

11. *Ibid.*, p. 82.

12. *Ibid.*, p. 78-79.

13. Voir : Rodríguez Monegal, E : « Le fantôme de Lautréamont ». *Revista Iberoamericana*, n° 84-85 (Pittsburgh, 1983), p. 625-639.

14. Voir : Cortázar, *Le tour du jour en quatre-vingts mondes*, Gallimard, 1987, p. 122-128.

15. Cortázar, *Tous les feux le feu, op. cit.* p. 184.

16. Cortázar, *Les Gagnants*, Paris, Arthème Fayard, 1961, p. 39-40.

17. *Ibid.*, p. 86.

18. Cortázar, *Façons de perdre*, Gallimard, 1977, p. 29.

N° 1. *Idole (Déesse Mère, accompagnant le voyage des morts)* (Île de Syros).
Art cycladique ancien 2400 - 1800 av. J.-C.
Courtoisie du professeur Louis Godart, Rome.
Réf. *L'Idole de Cyclades*. Le nom Cyclades signifie « cercle »
(kublos en grec) ; il s'agit des îles principales disposées autour de Delos.

N° 2. *Orphée,* 1956, P. Delvaux. Huile sur panneau, 120 × 170 cm.
© Fondation Paul Delvaux, St Idesbald, Belgique/ADAGP, Paris. Réf. *Siestes.*

N° 3. *La Ventana con gato,* 1978, Juan Soriano. Huile sur toile, 150 × 115 cm.
Collection « Fundación Cultural Televisa », Mexico. Courtoisie de l'artiste.
Réf. *Orientation des chats.*

N° 4. *Science mathématique,* 1980, Antoni Taulé. Huile sur toile, 97 × 130 cm.
Courtoisie de l'artiste.
Réf. *Fin d'étape :* Cortázar écrivit ce conte en regardant le tableau de Taulé.

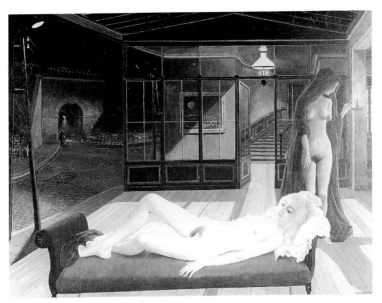

N° 5. *Le canapé bleu,* 1967, P. Delvaux. Huile sur toile, 140 × 180 cm.
Fondation Paul Delvaux, St Idesbald, Belgique/ADAGP, Paris.
Réf. *Siestes.*

N° 6. *L'Offrande,* 1963, P. Delvaux. Huile sur panneau, 140 × 112 cm.
© Fondation Paul Delvaux, St Idesbald, Belgique/ADAGP, Paris.
Réf. *Siestes.*

N° 7. *Réunion avec un cercle rouge,* 1973, Jacobo Borges
(« Reunión con un círculo rojo o rueda de locos »)
Huile sur toile.
Courtoisie de l'Instituto Nacional de Bellas.
Artes/Museo de Arte Moderno, Mexico.

N° 8. *A Cortázar.* Litographie originale, 1979, 45 × 53 cm.
A. Tàpies, Galerie Maeght, Paris,
© ADAGP, Paris.
Réf. *Graffiti.*

N° 9. *Final de Etapa,* 1994, Antoni Taulé.
Huile sur toile, 97 × 140 cm. Courtoisie de l'artiste.
Réf. *Fin d'étape*. Hommage du peintre à Cortázar.

N° 10. *La gare forestière,* 1960, P. Delvaux.
Huile sur toile, 160 × 220 cm.
© Fondation Paul Delvaux, St Idesbald, Belgique/ADAGP, Paris.
Réf. *Siestes.*

N° 11. *Les demoiselles de Tongres*, 1962, P. Delvaux.
Huile sur toile, 160 × 250 cm
© Fondation Paul Delvaux, St Idesbald, Belgique/ADAGP, Paris.
Réf. *Siestes.*

CHAPITRE III

LES ÉTATS INTERMÉDIAIRES
ET LES ÉTATS LIES AU PASSAGE
CONCERNANT LES FONCTIONS ONIRIQUES

1. L'HYPNAGOSE COMME FONDEMENT DE LA NOTION DE PASSAGE

La littérature fantastique traditionnelle a toujours utilisé – que l'on pense, par exemple, à Hoffmann et à son admirateur, Théophile Gauthier – un certain nombre d'éléments liés à l'obsessionnel, à la menace diffuse qui en procède et aux moyens de l'exorciser. Une grande partie des pages antérieures a été consacrée à l'analyse de ces modalités, si brillamment développées dans l'œuvre de Cortázar. Cependant, en affinant davantage, on peut dire que le travail de la création fantastique, tel qu'il apparaît chez Cortázar, semble prendre au départ un chemin opposé à celui qu'ont parcouru d'autres grands écrivains du fantastique comme Nerval : notre auteur ne se laissera jamais enfermer dans le système de la folie onirique propre à *Aurélia* et, à l'inverse, son œuvre sera une exploration permanente des voies sensibles de la communication, une ouverture sur les recoins interstitiels qui logent la vie intérieure dans sa richesse et son authenticité. En fait, le voyage cortazarien admet toujours la possibilité d'un retour.

Ainsi, Cortázar va user, de façon particulièrement pénétrante, du mystère et de l'inexplicable comme arcanes de l'inconscient, en sondant leurs modes intermédiaires d'une manière cohérente et variée. A partir des années 60, les états intermédiaires relatifs à l'onirisme vont être examinés avec diversité en les rapportant à l'hypnagose, cet état situé entre la veille et le sommeil.

113

En reprenant les idées de Edgar Allan Poe, Cortázar formula un discours « hésitant et visionnaire » contenant une confession littéraire dont la signification ultime est la constitution d'une véritable « méta-histoire ». Autrement dit, il s'agit à travers un système d'hypotaxie (hypnose) de souligner un processus de rêve éveillé destiné à mettre en évidence les avatars de l'inconscient. En général, ce processus s'identifie avec des « états transgressifs » qui présentent des personnages hésitants. On se trouve d'un côté ou de l'autre de la réalité mais on ne sait pas identifier lequel. L'espace de la narration est purement connotatif et agit en tant que soutien des états hallucinatoires des personnages.

Le fleuve offre un schéma semblable grâce à la fonction spécifique qui y est attribuée au rêve ou au songe. Ces derniers font coexister et se mêler des niveaux dont la consistance symbolique apparaît différente. Dans ce conte, le monde de la veille est superposé à celui du rêve à travers le discours à la première personne d'un homme qui dort avec sa compagne, dans leur appartement situé près de la Seine. Ces deux personnages se sont disputés et la femme semble être sortie de la maison pour se diriger vers le fleuve.

Pourtant, le protagoniste sent la présence de sa compagne à ses côtés dans le lit ; les pulsations et les mouvements paraissent être ceux d'une personne qui dort. Propre au demi-sommeil, son discours est ambigu car il utilise des termes ayant des significations doubles. Ainsi, nous ignorons si nous nous trouvons sur les bords du fleuve au moment même où l'on sort de l'eau le corps de quelqu'un qui s'est donné la mort, ou bien si nous sommes dans le domaine du rêve du personnage masculin que ce dernier fait dans son lit. Le narrateur utilise ce mot dans son double sens : « lit » du fleuve et « couche » où l'on dort se mêlent :

> *Tu étais partie hier soir juste avant que je ne m'endorme, tu étais partie pour aller te jeter dans la Seine. Y as-tu renoncé ? As-tu eu peur ? Je dormais, rêvant vaguement de champignons qu'il ne fallait pas manger, de ma tante qui devait repasser mes chemises, Et voici que tu es là, presque contre moi, remuant à peine comme si quelque chose*

travaillait doucement dans ton sommeil, comme si tu rêvais que tu étais allée te noyer dans la Seine. [1]

De même que les contes que nous avons examinés ci-dessus, l'aspect fondamental de ce récit est la transgression qui permet au protagoniste d'être présent dans les différents secteurs de l'espace de connotation. Aussi, l'image du personnage féminin se noyant dans la Seine coïncide avec celle de la femme faisant l'amour avec son amant ; les convulsions et les cris du climax amoureux correspondent à ceux de la mort. Ce texte est d'une grande maîtrise expressive car il utilise la notion d'ubiquité du protagoniste grâce à la figure de métalepse qui embrasse aussi bien le narrateur que le narré, le bourreau que la victime. Tout se passe comme si le voyage incertain vers la Seine ne pouvait se réaliser que comme une condition suffisante du voyage vers l'extase sexuelle, et comme si tous deux étaient, à travers le demi-sommeil du narrateur, le fondement du voyage vers la mort.

Le récit *Réunion*, qui appartient au recueil *Tous les feux le feu* utilise également, mais de façon limitée, l'ambiguïté des plans narratifs. Ces derniers aboutissent à l'altération du protagoniste et produisent sa transformation. Les critiques ne le considèrent point comme un texte fantastique, au sens strict du terme, puisque la réalité, qui est univoque cette fois, n'est remise en question qu'à travers un état de « pré-rêverie ».

Le narrateur désigne cette forme d'hallucination comme une *vision*. Il se réfère à l'identité d'un chef de guérilla, Luis, qui enlève son visage comme s'il s'agissait d'un masque. Celui-ci l'offre à ses compagnons d'armes qui le refusent à travers la cérémonie des *diadoques*. Cette dernière permettait de désigner les princes héritiers selon la tradition grecque qu'invoque le narrateur. [2] La référence culturelle à travers ces *diadoques* s'ajoute à celle du quatuor de Mozart, qui est cité comme un lien entre l'action externe du débarquement et la vision interne qui aspire au calme et à la plénitude. Elles se réalisent autour du songe ou du demi-sommeil du narrateur autobiographique. [3]

115

Ce récit renvoie en fait à l'événement que constitua le débarquement du Granma à Cuba et du rôle qu'y joua Fidel Castro. Outre l'importance de ces données, l'aspect primordial du conte *Réunion* réside en ce qu'il est vu depuis la perspective narrative d'Ernesto « Che » Guevara. Celle-ci permet la rêverie : le fantastique est déterminé par la présence d'une conscience qui se trouve à mi-chemin entre la veille et le sommeil.

Ceci nous autorise à la désigner également comme hypnagogique. Cette conscience imaginaire est proche des phénomènes hypnotiques ; nous avions déjà observé ce processus dans les contes *La porte condamnée* et *Histoire avec des mygales* par exemple. Mais ici, l'explication rationnelle des événements se base sur le sens commun lequel confère au vécu les aspects de vraisemblable mais non point ceux du quotidien.

Ces états intermédiaires, que nous venons d'examiner, sont les véritables piliers, selon Cortázar, de la « fantasticité ». [4]

Récit sur un fond d'eau fut inclus dans la seconde édition du recueil *Fin d'un jeu*. Il appartient au même groupe que les deux contes que nous avons analysés plus haut ; par contre, il présente une complexité et une beauté bien plus intenses. Le domaine réservé au rêve est essentiel au récit car le narrateur rapporte à Maurice, son interlocuteur depuis son adolescence, un songe persistant. Telle une obsession, ce dernier envahit à maintes reprises l'énonciateur dans la maison estivale qui se trouve sur le delta du grand fleuve situé à cinquante kilomètres de Buenos Aires. C'est là que le protagoniste a pris l'habitude de se réunir avec un groupe d'amis.

Le rêve qui le poursuit de façon terrible s'empare de sa conscience à travers l'image répétée d'un cadavre qui flotte en amont du fleuve. Durant ses périodes d'éveil, le narrateur finira par confondre ce dernier avec Lucio, son ami. Cet assassinat onirique, dont on ne sait s'il se situe exactement dans le songe ou l'état de veille, semble être le résultat d'une part d'une situation de tension et de dispute latente chez les deux amis dans la résidence de vacances, et d'autre part de la

116

frustration existentielle du narrateur. En effet, le visage du cadavre surnageant est en fait le sien propre. Le rêve n'a donc point de fonction prémonitoire ; par contre, il désigne le complexe de culpabilité qui dissimule le passage du sommeil à la conscience.

Néanmoins, constituant l'un des éléments importants de la praxis cortazarienne du fantastique moderne, cette invasion des processus oniriques dans les moments de veille est aussi destinée à montrer la précarité de cette dernière face au pouvoir de l'onirisme.

Dans sa production plus tardive, l'auteur va reprendre la problématique des états intermédiaires participant de l'onirisme, de cette zone incertaine du rêve éveillé qui offre tant de possibilités d'exploration des couches profondes de l'inconscient en tant que dépôt des désirs secrets ou refoulés. C'est ainsi qu'en 1980, Cortázar va développer cette thématique dans *Histoires que je me raconte*, récit mineur qui prend également en charge, à travers le prisme de la fabulation, l'acte de raconter, ou d'écrire sur, quelque chose tenant du je ne sais quoi. A la fin du conte, on observe que la fabulation inhérente au rêve éveillé s'est transformée en une véritable *hypsotaxie*, c'est-à-dire en une forme marginale de l'hypnose, qui se caractérise par la liberté d'action et le maintien de la faculté mnémonique du sujet pensant, laquelle installe à nouveau dans la vie quotidienne, dans ce côté-ci du réel, les actants du demi-sommeil :

> *...A peine ai-je ou avons-nous éteint la lumière que je pénètre dans cette seconde et belle couche d'obscurité accordée par mes paupières, et l'histoire est là, un début presque toujours stimulant d'histoire (...). (...) J'ai de l'imagination, c'est certain, même si cela ne se voit qu'au moment où je vais m'endormir...* [5]

Telles sont les affirmations du narrateur, qui va construire une histoire sur la femme de son ami, dans laquelle il tient le rôle d'un camionneur, alors que la jeune femme joue celui d'une auto-stoppeuse. L'histoire érotique qui se détache ici est facile à comprendre en termes de projection de désirs frustrés ou insatisfaits. Mais une nouvelle rencontre dans la maison de ses amis montre au narrateur que l'histoire, qu'il s'est racontée, a eu lieu dans une autre zone de la réalité : l'épouse de son ami a dû réellement attendre l'arrivée d'un camion après avoir eu une panne d'automobile sur un chemin rural. Aussi, un dénouement éclairant en vient-il à rétablir le fantastique en tant que « naturalisation » de l'exceptionnel. De fait, la jeune fille a effectivement fait l'amour avec le camionneur, comme elle le confesse au fabulateur de l'histoire.

Dans *Heures indues*, conte publié en 1983, Cortázar donne corps à une histoire en partant précisément du point où aboutit le conte précédent. En effet, dans *Histoires que je me raconte* c'est l'oralité et la mémoire qui permettent l'appréhension du processus du passage hypsotaxique, tandis qu'ici c'est l'écriture qui l'autorise. Ainsi, le personnage-narrateur se demande si ses souvenirs d'enfance méritent d'être l'objet d'une écriture, « s'il ne naissent pas de la tendance naïve à croire que les choses ont mieux existé quand je les ai mises en mots, afin de les fixer à ma façon » [6]. Ce procès de l'écriture, au premier sens du terme, n'est-il pas alors ce qui occasionne la personnification du personnage de Sara, qui fut la sœur aînée de Doro, l'ami du narrateur, admirée et aimée platoniquement par ce dernier dans l'enfance. Sur ce point, comme sur d'autres, il persiste une ambiguïté qui est, sans doute, le moteur de l'étrangeté des retrouvailles et de l'acte amoureux qu'accomplissent Sara et le personnage-narrateur à un niveau liminaire de la veille et du sommeil :

> ...*Mais alors je m'étais souvenu du rêve de la nuit précédente, de ce rêve avec Sara de nouveau, du retour de Sara de si loin en arrière et je n'avais pas pu en rester à ce présent où une fois de plus j'irais prendre à la sortie du bureau, en fin d'après-midi, une bière au café du coin...*[7]

Le dénouement relativement à ce côté-ci du réel pose encore une fois le caractère transitoire des retrouvailles, la nature fortuite et aléatoire du passage, tout en recevant la voie du fantastique comme possibilité privilégiée quoique incertaine de la communication. L'œuvre entière de Cortázar est construite autour de la notion de passage.

Comme nous le savons, un de ses volumes, préparé pour Alianza Editional à Madrid, porte aussi ce nom. Dans celui-ci, la fonction fondamentale correspond aux fonctions oniriques. Ces dernières apparaissent comme l'expression de l'inconscient humain et sont à chaque fois plus liées avec le processus de l'écriture transgressive, à travers laquelle s'expriment la vision hallucinatoire, la conscience hypnagogique et l'hypnose visionnaire.

2. LE RÊVE ANAMNÉSIQUE
ET LA PRÉSENCE DE LA MORT

> *...Ça ne t'est jamais arrivé cette chose qui commence*
> *dans un rêve et revient dans d'autres rêves mais ce*
> *n'est pas ça, c'est autre chose qu'un rêve. Quelque*
> *chose qui est là mais où, comment, quelque chose*
> *qui se passe en rêve bien sûr, rien que rêve, mais*
> *qui après demeure là, d'une autre façon, molle et*
> *pleine de trous mais là tout de même...* [8]

Ainsi commence l'un des plus beaux et des plus secrets
récits de Cortázar, intitulé *Là mais où, comment*, qui est
imprégné du drame de la mort. D'une part, il est un récit
exemplaire dédié à la mémoire de Paco, l'un des amis de
l'auteur, mort trente ans avant cette publication. D'autre part,
il est aussi un récit limite, car il explore les limites mêmes de
l'écriture fantastique. Son épigraphe convoque le titre du
célèbre tableau de Magritte, se trouvant actuellement au
musée d'Art Moderne de Paris, *Ceci N'est Pas Une Pipe* :
formule qui tient lieu de légende à cette huile représentant
précisément une pipe paraissant flotter sur un fond neutre. Et
cette référence glose, en quelque sorte, le texte même,
puisqu'il s'agit ici d'un récit qui ne veut pas être un récit,
puisqu'il s'agit, somme toute, d'un récit qui en vient à se
constituer à travers la voix ou le dire du refus. Ceci n'est pas
un récit, *Ceci n'est pas un rêve*, voilà bien ce qu'affirme le
narrateur. Qu'est-ce donc alors que ce texte ? Telle est la
question qui s'impose au lecteur. De fait, il semble que l'on
puisse y répondre tant soit peu en admettant que *Là mais où,*
comment est un récit soumis à un perpétuel processus de

constitution : il rejette ses racines oniriques et littéraires, mais il s'édifie à travers le discours, qui se présente comme la projection d'un délire mental autour de l'ubiquité, comme une hallucination relative à l'impossibilité de pénétrer l'altérité. Dans ce récit obscur et balbutiant, Cortázar entrouvre la porte de son insondable abîme, au lieu de la fermer comme dans *Maison occupée*, et au bord de lui-même, il sait qu'il ne peut aller plus loin :

> *Je sais que ce que je suis en train d'écrire ne peut pas s'écrire...*
> *Si j'écris c'est parce que je sais, bien que je ne puisse pas m'expliquer ce que je sais* [9].

Le phénomène, mis en scène dans ce texte, peut également être étudié sous un angle permettant de l'introduire dans une série commune à d'autres récits d'un type relativement similaire. De toute évidence, le rêve anamnésique est la voie technique qui autorise l'expression d'un passage quasiment inexprimable. Les souvenirs d'existences non confirmées, ou d'existences antérieures, ainsi que de régressions, font partie intégrante de la vaste panoplie de l'inconscient. N'oublions pas que pour Platon lui-même, l'anamnèse est la base de l'expérience cognitive, parce qu'elle peut emmagasiner et mettre en relation toutes sortes d'éléments que l'esprit ne détecte pas spontanément.

Cet aspect semble être lié dans *Là mais où, comment* à cette expérience autobiographique, à laquelle nous avons déjà fait allusion, qui a été à maintes reprises utilisée dans les écrits cortazariens : la disparition précoce de Paco, l'un des amis de l'auteur, auquel *Bestiaire* est dédié. Ce décès affleure également dans *Récit sur un fond d'eau* qui tourne autour de l'idée de la mort et du rêve. Il apparaît donc réélaboré en 1974 dans *Là mais où, comment* :

> *Si je peux t'aider en quelque chose c'est de savoir que tu n'es pas seulement un rêve (...). De cela, je ne puis rien dire sinon qu'il m'est donné lorsque je dors et lorsque je veille, et que c'est un là sans prise possible, parce que, lorsque je te vois, je suis endormi et incapable de penser et que, lorsque je*

pense, je suis éveillé et je ne peux aller au-delà de la
pensée ; image ou idée c'est toujours ce là, mais où,
ce là, mais comment ? (10)

Il est intéressant de noter que, dans ce conte, il se développe une réflexion constante sur le processus même du fantastique. Le rêve ou le phénomène onirique en général constitue une sorte d'écran perméable où l'ubiquité de Paco peut s'inscrire et s'exprimer. Mais, en fait, cet écran s'avère hermétique, parce qu'il est inhérent à un narrateur qui ne peut englober la totalité du discours en tant que représentation. Le matériau textuel paraît tendre à la désorganisation et à la mort, à l'exemple même de Paco, car le narrateur est dans l'incapacité de donner un sens ultime à l'Indicible. Le fantastique se mord la queue en assumant le délire de ce qui est ineffable et incohérent (ce à quoi renvoie, de fait, le *Là mais où, comment*, ce syntagme dénué de verbe) comme objet de son écriture.

Dans *Lieu nommé Kindberg*, le passage onirique joue un rôle ironique, indirect, étant donné qu'une action unique montre les effets d'une rencontre fortuite entre un automobiliste et une « auto-stoppeuse » qui vont en arriver à dîner et à passer la nuit ensemble dans un hôtel, pour se séparer le lendemain de façon tragique. Tout se base ici sur des références indirectes et extratextuelles qui dénoncent la grande mutation personnelle, politique et historique dont Cortázar est l'objet à l'époque où il écrit ce texte. Mais elles affirment aussi, avec de plus en plus d'insistance, l'autonomie du phénomène littéraire, ainsi que son insertion toujours plus évidente dans la tradition de la « culture fantastique » du XXe siècle. Les personnages sont les agents d'une intertextualité qui les identifie, et leurs fonctions homodiégétiques sont chargées, précisément, d'assumer la crise cortazarienne : ils sont les agents de cette narration dont ils participent en tant que narrateurs d'une fiction et en tant que protagonistes d'une histoire personnelle.

Ainsi, le motif central de la rencontre fortuite détermine une série de conséquences incalculables, telles que l'affrontement entre le personnage masculin et sa propre personne, et l'opposition entre l'existence de cet « habitant de la bulle bourgeoise protectrice » [11] et la liberté de la jeune Chilienne de gauche qui aime le jazz, a adopté un mode de vie de style « hippie » et se dirige vers Copenhague sans trop savoir pourquoi. Ce récit, écrit et tout d'abord publié en 1971 avant d'être incorporé dans *Octaèdre* (1974), parle de la femme en des termes quelque peu imprégnés du pathos qui teinte l'onomastique des Cronopes, des Fameux et des Espérances : ici des dénominations comme « petite ourse », « oursonne », « oursonne girl-scout », laissent entrevoir la sympathie que le narrateur éprouve pour la jeunesse et la liberté créatrice de l'ancienne étudiante en philosophie de l'université de Santiago, dont l'existence s'oppose à la vie aisée et médiocre de l'homme d'affaires.

Par là même, on peut facilement comprendre les caractérisques, participant au rêve anamnésique, qu'acquièrent durant la nuit les relations entre les deux personnages, qui se rejoignent au moment même où la jeune femme fait allusion aux « cadavres du film de Romero » [12]. Cette référence, qui n'est immédiatement perceptible que pour les seuls amateurs de cinéma fantastique, renvoie implicitement à un classique du genre, datant de 1968, intitulé *The night of the Living Dead*. Et une telle allusion est d'autant plus fascinante qu'elle est chargée des connotations propres à la critique sociale et à l'antiracisme que l'on trouve dans ce film marginal qui reflète sans doute l'état d'esprit et la violence de la société américaine au moment de la guerre du Viêtnam, le film mettant en scène une petite ville américaine, dans laquelle une mystérieuse radiation (qui n'est pas sans rappeler l'étrange « virus » mentionné dans *Cauchemars*) provoque le retour à la vie de nombreux morts, produisant ainsi des morts vivants ambigus, terrifiants, et comme aliénés à leur soif de sang [13].

La fin du conte nous montre la mort du personnage masculin, car après avoir refusé l'offre de la jeune femme, qui proposait de poursuivre avec lui le voyage, celui-ci se tue (ou peut-être se suicide-t-il) dans un accident d'automobile, peu après l'avoir quittée. La mort en arrive ainsi à être omniprésente dans ce récit qui, à l'instar des autres contes appartenant à un même ensemble, met en lumière le destin de l'homme, à la fois conçu comme un mystère incontrôlable et comme une série de phénomènes soumis à la banalité et à la tragédie.

Anneau de Möbius est un récit tardif qui appartient au recueil *Nous l'aimons tant, Glenda* (1980). Son titre, de nature algébrique et symbolique, fait référence à ce que la géométrie algébrique ou analytique considère comme l'étude de l'infinitude des variables de composition, face à la finitude réelle des éléments. Autrement dit, c'est un moyen symbolique, lié à l'analogie des formes et à ses lois associatives, de valoriser l'examen des espaces contigus et analytiques.

Bien entendu, Cortázar n'écrit pas là un récit « mathématique », mais il utilise le symbole de l'anneau créé par August Ferdinand Möbius, pour dire la recherche de la continuité et de la contiguïté (impossible) des destinées humaines. De fait, la citation de Clarice Lispector, qui sert d'épigraphe, fait allusion à l'idée d'espaces contigus, de zones d'intersection et de continuité :

> *Elle s'éloignait de plus en plus de cette zone où les choses ont une forme fixe (...). Elle creusait, de plus en plus profond dans la région liquide, calme et insondable où traînaient de vagues brumes, fraîches comme celle de l'aube* [14].

Ce qui est fluide, instable, intermédiaire, ressemble à un bouillon de culture – ou, si l'on veut, au liquide amniotique – dans lequel l'inconscient et le rêve se manifestent. Ce récit, tout comme les autres contes qui forment l'ensemble textuel dont il est question ici, baigne dans l'atmosphère du rêve anamnésique conçu comme voie d'exorcisme de fautes réelles ou imaginaires. La présence de cette jeune fille qui a été violée et assassinée durant l'été dans un bois de Dordogne, par un vagabond bientôt arrêté et condamné à mort, est en ce sens très suggestive. En effet, dans la cellule où le criminel vit ses derniers instants, la présence amniotique de Janet s'apparente beaucoup à une projection de la propre conscience de l'assassin, lequel semble être entré avec la jeune morte dans les eaux mêmes du rêve. Aussi, ce conte véritablement délirant en vient-il à drainer toute l'horreur de

La vérité sur le cas de M. Valdemar, cette œuvre de Poe dans laquelle un état semi-hypnotique engendre également un état intermédiaire entre la vie et la mort, comme si, selon les propres vues de l'écrivain américain, tout indiquait que la vie psychique est plus forte que la vie physique. Cortázar reprend la même idée :

> *Si elle avait pu penser, une image se serait frayée un passage en Janet, celle de la chenille parcourant une feuille suspendue en l'air, passant et repassant d'une face à l'autre sans la moindre vision ni toucher ni limite, anneau de Möbius infini, reptation jusqu'au bord d'une face puis aborder ou être déjà sur la face opposée* [15]

Tel est le processus douloureux qui touche les limites de la folie, comme en témoigne le discours (discours dont on se demande, à ce moment-là de la relation, s'il est émis par Janet, ou par un narrateur-témoin intériorisé :

> *Non pas Robert mais cubicité ou fièvre parce que lui aussi, lentement, les à-présents allaient le laisser passer à être vague ou fièvre, allaient lui rendre peu à peu Robert, ils le filtreraient, l'entraîneraient et le fixeraient en une simultanéité qui accéderait au successif (...) se paralyser dans l'état cube sans Robert, entrer mollement dans le liquide (...)* etc. [16]

L'indétermination finale de la voix narrative, le caractère apparemment indésirable de l'émetteur, débouche sur la contemplation spéculaire de la mort même (soit sur la mise en miroir de la mort de Janet et de celle du condamné) à travers une parole proprement fantastique.

Dans le même recueil qui intègre cet *Anneau de Möbius*, on peut lire *Coupures de presse*. Ce récit participe thématiquement de ces contes ayant un contexte politique que l'auteur va réunir sous le titre *Ici et maintenant* (Ahí y ahora) dans le quatrième volume de ses récits complets. Les problèmes d'intertextualité, qui pointaient dans le texte antérieur, affleurent également ici : on y trouve la coexistence et la superposition d'éléments hétérogènes. Ainsi, le récit de Noémie (la narratrice) – à travers lequel on apprend qu'un sculpteur lui a demandé d'écrire un texte sur certaines de ses œuvres qui reflètent la violence – est interrompu ou envahi par des coupures de presse témoignant de la répression en Argentine durant les années 70. De plus, ce texte se verra à nouveau « envahi » par des extraits d'un article de *France-Soir* qui relate la violente torture dont une femme a été l'objet à Marseille, cette dernière ayant, subi les sévices de son mari sous le regard innocent de sa petite fille.

De fait, les coupures de presse sont les agents qui, en « découpant » dans le réel, installent néanmoins l'onirisme et le fantastique à l'intérieur du texte. Plus précisément encore, ils sont les agents de ces côtés de la réalité, ayant ici à voir avec l'écriture, qui tiennent du cauchemar émanant de la répression et de la violence, qui tiennent de ce récit de Jack London évoqué par la narratrice. Du reste, en traversant la rue pour s'en retourner chez elle après avoir quitté son ami sculpteur, Noémie en vient à traverser d'un côté à l'autre du réel, et c'est alors qu'elle peut voir une scène de torture dans la rue Riquet à Paris. Or cette scène est bien mentionnée dans *France-Soir*, mais le quotidien la situe à Marseille et non à Paris, et de la même manière la scène des mains coupées a eu lieu dans l'Argentine des années 70. L'écriture fantastique se transforme ainsi en une série de faits hypotextuels générés par l'absence d'un pouvoir narratif face à la mort. Comme dans le cas de l'échec du narrateur au regard de l'état indéfini de Paco, comme dans le cas de la présence incertaine de Janet au regard de la conscience de Robert, dans ce conte, une fois encore, seul le rêve anamnésique [17] peut rendre compte de l'horreur contemporaine et instaurer une efficace de l'indicible et de l'impensable dont les termes sont les agents révélateurs d'une vérité escamotée par les coupures de presse des journaux officiels. Aussi, Cortázar a-t-il fait un grand pas en avant, en unissant dans ce récit et dans tous les autres ayant un thème commun, le mensonge de l'Histoire et la vérité de la fiction fantastique : cette vérité toujours allusive à travers laquelle l'auteur témoigne de ce qu'il reste à dire, et non de ce qui est dit, tout en donnant une place primordiale à un imaginaire qui pourrait assumer l'histoire sinistre de notre temps.

Cauchemars n'est pas un texte lié au problème du sort des disparus, mais un récit concernant plus généralement une situation cauchemardesque inhérente à la répression. Il pose et utilise des motifs de la littérature fantastique en leur attribuant un contenu absolument original. Ainsi ce texte, qui relate l'histoire d'une jeune comateuse étant sous l'effet d'un mystérieux virus tandis qu'au dehors la pression excercée sur la population par la police militaire s'accentue, porte en lui le motif du retour du mort vivant en tant que figure rhétorique d'un mal considérable, bien que latent, contre lequel on ne peut rien. Il s'agit donc d'un conte emblématique, au sens fort du terme, et une série d'indices – soit, notamment, le nom même du personnage de Mecha, les endroits de la ville où l'action se déroule, les statues de la Foi et de l'Espérance se trouvant prises sur la place d'Irlande et dans la rue Gaona – participent, comme l'a noté un critique américain [18], de ce niveau symbolique auquel Cortázar fait appel pour rendre compte de la situation de ces années-là par le biais de son écriture fantastique. En outre, c'est la personne même qui, se trouvant au cœur d'un labyrinthe moderne et militarisé, est envahie par les forces du mal et non pas seulement une vieille demeure bourgeoise.

De fait, un pouvoir répressif a transformé, de façon latente, la conscience de Mecha en une « inconscience », c'est-à-dire en une conscience réprimée, imperméable, parfaitement opaque propre à l'état comateux. Mais, progressivement, la perception consciente va affleurer et rendre Mecha à la vie. La jeune fille en vient ainsi à bouger, à donner des signes de vie, alors que le bruit des rafales de mitraillette s'approche de l'endroit où elle est : le coma s'apparentant dès lors à une sorte d'anamnèse prémonitoire qui prend fin dans un réveil terrible, puisqu'il coïncide avec l'invasion de la maison par les militaires.

Ce réveil, qui appelle une autre mort, rapproche ce conte du célèbre récit d'Edgar Allan Poe intitulé *Bérénice*, lequel offre également l'exemple d'un état intermédiaire lié au retour imaginaire d'un mort transformé en quelque sorte en mort vivant à l'exemple de cette Bérénice qui donne son nom à un texte dont le dénouement nous présente l'image quasiment surréaliste des dents blanches de l'héroïne flottant dans l'obscurité.

Le retour à la vie consciente est marqué par une situation dramatique : c'est celle du retour du mort vivant à une réalité plus angoissante et plus terrible que les ombres de l'inconscient proches de la mort.

Mecha, en sortant du cauchemar, rentrera dans un autre encore plus angoissant : celui de la répression et de la barbarie s'annonçant à travers des sirènes qui envahissent la maison avec leur bruit infernal.

> *Le bruit des sirènes augmentait à côté de Gaona quand soudain les paupières de Mecha se soulevèrent, les yeux recouverts d'un voile qui s'était épaissi au fil des semaines dérivèrent lentement vers le visage de Dona Luisa qui criait, pressait ses deux mains sur sa poitrine et criait* [19].

Les systèmes d'hypotaxie, proches de l'hypnose et du rêve éveillé représentent des états de transgression dans lesquels l'inconscient humain prend part activement de la même façon que dans le rêve anamnésique, qui est la voie des passages de l'inconscient pour mettre en relation des éléments que l'esprit n'arrive pas à percevoir dans son ensemble.

La crise personnelle que montrent les personnages de Cortázar est assimilable à l'écriture du fantastique comme voie d'exorcisme de l'incommunicabilité et les passages mentionnés sont des agents actifs de ce processus.

NOTES

1. Cortázar, *Gîtes, op. cit.*, p. 117.

2. Cortázar, *Tous les feux le feu, op. cit.*, p. 70-71.

3. *Ibid.*, p. 73.

4. Après le débarquement, le narrateur entre dans un état de demi-sommeil. Avant de s'endormir et d'avoir des informations se référant à la mort du chef de cette opération qui se révéleront inexactes par la suite, le narrateur somnole et il voit la scène que nous venons de décrire. Elle est désignée par le propre commentaire du narrateur comme étant : « professionnellement parlant, une hallucination du dernier sommeil et de la fièvre, facile à interpréter ». *Op. cit.*, p. 71.

5. Cortázar, *Nous l'aimons tant, Glenda* (1980), Gallimard, 1982, traduction de Laure Guille-Bataillon et Françoise Campo, p. 150-151.

6. Cortázar, *Heures indues*, (1983), Gallimard, 1986, traduction de Laure Guille-Bataillon et Françoise Campo, p. 91.

7. *Ibid.*, p. 107.

8. Cortázar, *Octaèdre*, 1974, Gallimard, 1976, traduction de L. Guille-Bataillon, p. 95-96.

9. *Ibid.*, p. 97 et 99.

10. Cortázar, *Gîtes,* Gallimard, p. 78.

11. *Ibid.*, p. 114.

12. *Ibid.*, p. 130.

13. *The night of the Living Dead*, (1968) n'a pas connu en France un grand succès ; cependant il est un de ces films de ciné-club que Cortázar a toujours admirés. Tourné par un débutant de grand talent qui engagea des amateurs pour

interpréter les rôles du film, de par son traitement cinématographique, *The night of the Living Dead* (La nuit des morts vivants) en est venu à être considéré par la critique comme un film politique et social, plutôt que comme une œuvre de type exclusivement fantastique. De plus, ce film est devenu pour certains une sorte de « film-culte » cité dans de nombreux films. Ainsi Almodovar le mentionne-t-il dans *Attache-moi* (1989) ce film espagnol dans lequel une femme, qui est séquestrée par un aliéné, passe ses nuits à regarder la cassette de *The night of the Living Dead*.

14. Cortázar, *Nous l'aimons tant, Glenda, op. cit.*, p. 165.

15. *Ibid.*, p. 175.

16. *Ibid.*, p. 184.

17. En un certain sens, on pourrait dire que chez Cortázar les processus de type onirique servent à explorer des niveaux qui peuvent loger une forme de vérité émanant de fictions au 2e ou au 3e degré. La nuit associée à l'onirique est ce qui permet à Noémie de traverser la rue pour voir une vérité profonde et analogique, bien qu'imperceptible durant la journée : « J'étais là comme sans y être » (p. 118), dit Noémie en commentant la nuit où, après avoir assommé le tortionnaire, elle a aidé la femme à torturer l'homme à son tour, de telle sorte que les deux femmes se sont transformées en de nouvelles ménades. De fait, quand durant le jour elle décide de repasser par la rue Riquet, elle constate que tout a changé : « En plein jour cela n'avait rien à voir avec mon souvenir et j'eus beau marcher en examinant toutes les maisons et traverser la rue comme je me rappelai l'avoir fait, je ne vis aucun porche qui ressemblât à celui de cette nuit-là, la lumière tombait sur les choses tel un masque infini (...)» (*Nous l'aimons tant, Glenda*, p. 123).

18. Voir Cason « Las pesadillas metafóricas de Cortázar », *Los ochenta mundos de Cortázar, op. cit.*, p. 149-156.

19. *Heures indues*, Gallimard, *op. cit.*, p. 95.

CHAPITRE IV

LES NOTIONS DE PASSAGE ONIRIQUE
ET L'IDENTITÉ
OU L'IDENTIFICATION DES ACTANTS

1. LE RÔLE DE LA TRANSFORMATION DE LA LECTURE, DE LA REPRÉSENTATION, DU RÊVE, DE LA PEINTURE ET DE LA MUSIQUE

A travers ce nouveau type de récits, on constate que l'intertextualité narrative est ici intensément scénographiée par le biais de véritables cérémonies de la lecture, de la représentation théâtrale, ou de la musique, dont les effets propres à l'illusion, qui viennent toucher la fiction, sont réversibles. D'une façon générale, la fiction au second degré prédomine ici sur la fiction au premier degré, ce qui engendre un large potentiel métaphorique, au sens où l'entendait Lacan : soit la création d'une chaîne signifiante dont la signification est, par déplacement, un signifiant potentiel étant apte à admettre d'autres chaînes de signification. Par là même, le texte tend ainsi à être un texte ouvert, polysémique et considérablement ambigu.

Continuité des parcs a été amplement commenté et analysé par les critiques qui en ont souligné toute l'importance [1]. Ceux-ci ont particulièrement mis en valeur le fait qui inclut, dans sa structure même, un élément qui jusque-là était moins fréquent dans les écrits fantastiques de Cortázar. Il s'agit du phénomène d'inclusion des caractéristiques d'un monde fictif ; ce dernier est en général soit artistique, soit littéraire. Dans ce cadre, d'un secteur à l'autre imposent au protagoniste l'expérience d'une transformation complète. Cette modalité surgissait déjà dans certains textes fantastiques traditionnels. Dans, par exemple, *Sybilla Van Loon*, le narrateur pénètre dans la toile d'un grand peintre hollandais. Cortázar reprendra d'ailleurs ce

135

schéma de manière spécifique dans un conte ultérieur intitulé *Fin d'étape* qui est intégré dans son dernier recueil *Heures indues*. Il apparaît également dans *Continuité des parcs* où, grâce à un acte de possession, la lecture d'un roman policier se retourne contre le lecteur-victime qui sera assassiné par l'un des personnages du roman. Ceci correspond à l'observation centrale faite par Todorov en ce qui concerne les liaisons entre discours figuré et fantastique. En effet, naissant du langage et devenant la langue elle-même, l'extraordinaire et le surnaturel se transforment en symbole de l'idiome, de même que les figures rhétoriques qui le représentent [2].

Ainsi, dans *Continuité des parcs*, apparaît la figure de *métalepse* qui peut se définir comme souffrant elle-même des effets qu'elle invoque dans une forme de réversibilité qui inclut plusieurs degrés de la réalité figurée. Elle implique deux plans : celui du narrateur intériorisé à la troisième personne et celui du roman policier lu par le protagoniste qui sera tué d'un coup de couteau provenant de ce livre même. La fiction du récit est envahie par la trame du roman que lit le personnage principal. De cette double figuration surgira avec force la sensation de se trouver face à du fantastique, comme cela arrive avec le conte de Borges *Le jardin aux sentiers qui bifurquent*. Dans celui-ci, le sinologue Stephen Albert analyse un roman homonyme, écrit par un dénommé Tsui Pên, dont le commentaire intègre une notion semblable de temporalité en bifurcation qui est de règle dans le conte même de Borges.

Aussi, nous affirmons que le procédé utilisé par Cortázar est un dérivé de l'idée d'inclusion en bifurcation. Il est l'agent principal de la transformation ou de la mort du protagoniste dans les récits de ce modèle. *Continuité des parcs*, comme le texte de Borges cité ci-dessus, se construit à partir de l'opération de la lecture et de la répétition circulaire qui lui sert de structure. De fait, la « continuité » annoncée par le titre n'est possible qu'en tant qu'acte de lecture et devient légitime grâce à l'enchevêtrement des plans de la textualité. Il s'y développe un système de correspondances secrètes et cette infiltration est déterminée par la forme de syllepse qui embrasse les termes mêmes de la lecture. Perméables, ces derniers passent d'un plan à l'autre : en outre, le mot « continuité » est lui-même sylleptique. Ils se constituent dans le discours comme une véritable représentation dramatique de l'acte de lecture. Par ailleurs, en allant au-delà de cette chaîne signifiante, on est amené à voir dans le texte lu par le personnage du conte (texte dont Cortázar tait le titre, laissant place ainsi aux nombreuses hypothèses de la critique) le roman de D. H. Lawrence, *L'amant de Lady Chatterley* : n'oublions pas que dans ce texte Constance et Mellors (le garde-chasse) complotent pour conserver leurs amours clandestines, alors que Sir Clifford, le mari infirme, se repaît d'une littérature du fantastique et du mystère.

Des traits similaires se retrouvent dans *Directives pour John Howell* qui opte pour la représentation théâtrale. En effet, le même genre de « continuité » y est établi entre le protagoniste qui, étrangement, doit incarner le personnage d'Howell dans le second acte d'une pièce de théâtre à Londres. Le passage de sa condition de spectateur à celle d'acteur se réalise de manière aussi naturelle qu'absurde. En effet, il est invité durant l'entracte à se présenter dans les coulisses et à mettre entre autres choses une perruque. Comme dans *Continuité des parcs*, la création d'un espace exceptionnel, favorable à l'apparition du fantastique, est rendue possible par la multiplication des plans de la fiction artistique. La lecture d'un roman dans le premier conte et la représentation théâtrale dans le deuxième sont ce qui constitue des récits au second degré étant les porteurs des éléments fantastiques.

Jouant momentanément le rôle de John Howell, Rice sera témoin d'un crime dans la pièce de théâtre ; il en avait été informé par Eva qui lui demande au second acte de l'accompagner jusqu'à la fin de l'œuvre mise en scène. Cependant, le « Reste avec moi jusqu'à la fin » de l'actrice fonctionne non seulement dans le texte de la fiction dramatique, qui prend place au sein du récit, mais également dans la représentation (double) de quelque chose qui arrive sur le plan de la narration [3]. En effet, Eva est réellement menacée de mort [4].

A la fin du troisième acte, sa chute du divan marquera effectivement son décès biologique parallèlement à celui artificiel imposé par le spectacle. La machination de l'assassinat imputable à un « ils » aussi vague que menaçant fait fuir non seulement Howell, l'acteur qui joue dans la pièce, mais aussi Rice qui l'avait remplacé de manière improvisée durant le second acte. De même que dans *Continuité des parcs*, l'élément policier active la marche de la fiction et du « suspens » dans *Directives pour John Howell*. Il surgit également comme un agent direct de la production du fantastique – à travers l'ambiguïté qu'il provoque dans les divers plans de l'énonciation.

Dix ans après, Cortázar va revenir sur les effets que peuvent avoir les arts, en tant que formes artistiques de la représentation, sur l'identité même des actants. Néanmoins, ici la complexité sera moindre. Ainsi, un récit tel *Éclairages*, lequel est inclus dans *Façons de perdre* (1977), reprend le motif de la transformation des actants entrés en contact avec une forme d'art qui les met sur les limites obscures de leur véritable identité.

Mais jusqu'alors lors l'auteur avait bien peu exploré le très riche domaine des références de la paralittérature. Le narrateur d'Éclairages, justement, a pour métier de jouer des rôles dans des feuilletons radiophoniques. Acteur, il représente le personnage qui incarne le « mal » dans une longue série de mauvais épisodes où il travaille. Cependant, grâce au courrier des admiratrices, il fait la connaissance de celle qui deviendra sa compagne, durant une brève période, et qui sera identifiée, à un autre niveau, à l'épitomé du protagoniste du mélodrame radiophonique. Quelques titres des différentes parties qui le divisent semblent nous transporter dans l'univers transposé du tango des faubourgs de Buenos Aires : « Roses de la honte », « Oiseau dans la tempête », « Du sang sur les épis ». Il est intéressant de noter que le monde narratif de Cortázar remplace les références mythologiques précises, utilisées initialement, par celles se rapportant au contraire à des sous-genres artistiques. Malgré cette transformation, propre à une certaine modernité, ces dernières exposent la même problématique que les références antérieures : l'expression d'une forme de mal ou de forces divines associées à la présence féminine.

Le cadre du mélodrame n'a pas grand-chose à voir avec le développement, du moins en apparence, du récit. En effet, le couple qui se constitue grâce au courrier des admiratrices ne peut être plus conventionnel et établir une vie plus monotone et routinière. Seul le dénouement permet, à travers une conclusion illuminante, de rétablir la vérité et de réinstaller, sur un plan beaucoup plus tragique, le drame de l'absence de communication et de l'infidélité féminine.

Luciana croyait trouver son héros radiophonique en la personne de l'acteur. Ce dernier l'oblige à teindre en brun sa chevelure noire afin de faire coïncider le modèle rêvé avec la plate réalité quotidienne. L'ironie de Cortázar se révèle être terrible lorsque se trouve mis en jeu le niveau d'authenticité profonde qui permet d'abattre *la plaque de verre de l'habitude*, cette pâte collante citée à maintes reprises dans *Cronopes et fameux*. Un dérèglement des horaires, un changement des coutumes ordinaires poussent le protagoniste masculin, faussement installé dans l'existence machinale, à découvrir la trahison. Ainsi, peut-il voir Luciana sortir d'un hôtel au bras d'un homme qui correspond aux caractéristiques du personnage du mélodrame radiophonique et du *courrier des admiratrices*. Ce dernier représente le modèle sentimental que cette ménade ou Circé tardive s'est choisi.

Éclairages est un conte basé sur le désir imaginaire dans lequel la *femme-idole* aussi bien que l'*homme-idole* ne peuvent pas se constituer dans la réalité parce que les modèles du radiothéâtre sont porteurs d'aliénation et de détresse.

Clone appartient également au recueil *Nous l'aimons tant, Glenda* et il met en avant l'exploration de l'identité et de l'identification des actants en les rapportant à des motifs musicaux. Comme dans le cas antérieur, où la contemplation d'une peinture ou la vue d'une exposition en venait à éveiller, chez le narrateur, un singulier sentiment de « porosité » tout en donnant lieu à un système complexe d'analogies et de correspondances, dans ce conte les personnages sont aussi en rapport avec un art : ils écoutent un concert, ou encore l'enregistrement d'une œuvre musicale, ce qui détermine un effet tendant à favoriser la perméabilité et le passage.

Ici la musique polyphonique de Jean-Sébastien Bach – et en l'occurrence, *L'offrande musicale* enregistrée par le London Harpsichord Ensemble – occasionne un processus associatif qui va engendrer une sorte de récit fantastico-policier baignant dans l'atmosphère des tournées européennes ou américaines de musiciens latino-américains. L'évocation de la fugue de Bach et des madrigaux de Carlo Gesualdo – ce compositeur qui tua sa femme après un concert – va permettre de construire une histoire rappelant une « affaire Gesualdo », dont la fin montrera la disparition de Franca, l'épouse infidèle de Mario, laquelle ne participera pas au dernier concert du groupe. L'intérêt de ce récit mineur réside dans le rapport instauré entre les voix du groupe dans leurs conversations quotidiennes et les voix polyphoniques de *L'offrande musicale*, car sous la forme de la fugue, cet ensemble de voix en arrive à tisser « musicalement » le destin de l'incommunicabilité, voire de cet assassinat final qui répond à celui que commit Gesualdo.

2. LES MOTIFS DE LA CHAMBRE NOIRE : AGENTS DE L'ALIÉNATION ET DE L'HORREUR

Dans les exemples précédents le symbolisme de la représentation était surtout lié à l'identification des actants. Néanmoins, nous allons voir que ce symbolisme a également été employé de façon magistrale en l'incorporant à la vision que créent les moyens artificiels ou culturels de la reproduction – moyens dont l'un des plus prenants est ce principe de la chambre noire, auquel l'auteur va faire un sort à partir de la première édition de *Fin d'un jeu*.

Ainsi, un conte tel que *La fanfare*, qui a fait l'objet de nombreuses analyses, met parfaitement à jour ce phénomène. Dans une brillante étude, Marta Morello-Fronsch affirme qu'il s'agit d'un texte privilégiant les effets du péronisme sur la bourgeoisie intellectuelle de Buenos Aires, dans les années cinquante. Des indices semblent confirmer cette thèse : par exemple, la place des espadrilles qui est un élément central dans le symbolisme des « descamisados » – ou des sans chemises (nom donné aux partisans du général Péron) – l'invasion des marginaux de la périphérie prolétaire dans un cinéma où se joue un film de Litvak, lequel correspond au bon goût des citadins aisés. Le narrateur interprète les faits à partir du décor vulgaire du cinéma Opéra et de l'impassibilité de Lucio ; celui-ci est le personnage ayant vécu l'histoire rapportée, l'énonciateur cherchant à expliquer son mystérieux éloignement du pays après cette expérience. La voix du récit présente la « fanfare » de jeunes filles comme l'incarnation « anti mythologique » des *Furies*, ces *Euménides* qui entraînaient le malheur chez les hommes.

A travers le phénomène de la représentation, le groupe féminin, qui envahit le parterre du cinéma, agit comme un agent du mal destructeur. En effet, elles empêchent les spectateurs de voir le film, mais elles constituent surtout un niveau d'ambiguïté de l'existence même de la réalité. Leur apparition bruyante et fantasmagorique est en partie une simulation : de fait, seulement quelques-unes d'entre elles jouent d'un instrument de musique alors que le reste feint de former un chœur théâtral.

Ici le principe de la chambre noire, en tant qu'agent qui réactive les aspects apparents du réel, est constitué par le cinéma même – microcosme reproduisant la ville, où le personnage, candidat à l'exil, va voir vaciller les fondements de son entendement :

> *Et soudain il lui sembla comprendre tout cela en des termes qui dépassaient infiniment l'événement lui-même. Il sentit confusément qu'il lui aurait été donné de voir enfin la réalité. Un moment de la réalité et elle lui avait paru fausse parce qu'elle était la véritable, celle qu'il ne voyait plus à présent. Ce qu'il venait de voir, c'était le vrai, c'est-à-dire le faux.* [5]

De fait, il est vrai que, dans l'espace cortazarien, le discours sur le fait extraordinaire est un discours dont l'ambiguïté apparaît non seulement comme un attribut du fantastique, mais encore comme le véhicule de cette polysémie inépuisable que la langue et le langage de la réalité prennent en charge, à travers la culture, afin de présenter une nouvelle appréhension des catégories du réel. Cependant, ce discours tend parallèlement à s'imposer en tant que défi à l'action – conçue comme moyen d'une possible transformation du monde ; c'est dire qu'il laisse affleurer l'idée d'une réactualisation de l'utopie romantique : d'une recherche, exercée par une conscience agonisante, du centre perdu. La vérité, selon Angel Rama, « ne se trouve (donc) pas en un point précis, mais dans le mouvement même des forces en action » [6] ; et ce, de par la propre nature d'un discours qui intègre sa critique spéculaire tout en obéissant à des structures mentales et intimes plutôt qu'à des déterminations programmées par l'Histoire. Ce qui semble fugace et dérisoire est alors formateur d'un sens et, dans ce jeu transcendantal, l'acte de construire, comme celui de détruire, peut contribuer à instaurer un sens nouveau, à établir un nouveau type de relations, dans l'activité humaine. De là, les multiples activités tant soit peu insensées et dérisoires, auxquelles se livrent les personnages de l'œuvre cortazarienne. Attacher des fils, faire des collages, dresser des potences, « poser des tigres », exterminer des crocodiles en Auvergne, parler en « giglique », élever des « *mancuspies* », cela revient en fait à s'assurer que la recherche de l'ouverture, donnant sur l'autre côté de la porte, sur la liberté, va être la clef de l'existence humaine et non pas un prétexte : pour Cortázar, l'enjeu littéraire n'est pas borgésien, il ne s'agit pas de former de simples archétypes, tels que le héros-criminel ou le traître (figure inversée du héros). L'auteur vise à aller « au-delà de la vérité et de l'erreur » – ces critères grecs inutilisables dans le monde contemporain, selon le postulat de *Marelle*, et à remplacer les vieilles notions, émanant de la « Grande Habitude », par ces notions d'authenticité et de liberté qui devraient être représentées par un langage à leur image.

Ainsi, la formation de la *figure* implique un voyage et un passage à travers les différentes zones de la réalité, qui se détermine par le dynamisme de son parcours : elle suppose un nouveau système sémiotique d'« autosignification ». Si le voyage et le jeu tendent à désigner une figure, comme les anagrammes et les palindromes, c'est parce qu'ils portent en eux la possibilité d'une nouvelle transcendance, du temps, de l'espace et de l'écriture, ainsi que la potentialité de symboliser à des fins éclairantes ce qui ne se présente que sous la catégorie de l'opacité. En définitive, la formation de la figure concourt à créer cette coïncidence aléatoire d'événements, de signes et, de personnes, qui permet de découvrir des correspondances inattendues entre des faits matériels et mentaux dans le but d'invoquer la libération de l'homme. Aussi, dans cette zone ambiguë où tout n'est que passage virtuel, langage réversible, symbole ubiquiste, hasard signifiant, correspondance parapsychique, le fantastique concerne-t-il autant le résultat du processus que les moyens de sa réalisation, autant le parcours que le but auquel parviendra le personnage à la fin de son itinéraire. Et *62 maquettes à monter* illustre bien ce point, dans la mesure où l'exploration de « zones » pénétrables depuis l'expérience du réel suppose l'investigation linguistique, qui engendre le tout : cette expérience linguistique est ainsi présentée comme une sorte de coagulum ressemblant à l'énergie que renferme le *hasard objectif* des surréalistes. En effet, dans ce roman, qui reprend certaines des considérations théoriques apparues dans le chapitre LXII de *Marelle* – telles que les notions de zone, de ville, de parèdre (cette entité associée ou « *baby sitter* de l'exceptionnel ») – l'amorce met en évidence un narrateur se trouvant dans un restaurant parisien, lequel peut voir, grâce à un miroir mural, un dîneur demander « un château saignant » alors qu'il est lui-même en train de lire la page d'un livre de Michel Butor, qu'il vient tout juste d'acheter dans une librairie du Quartier latin, où il est précisément question de Chateaubriand. C'est ainsi qu'apparaît la coagulation, l'horreur fascinante des rencontres instantanées qui se défont dans l'air à l'instar de ce mouvement *brownien* que les mouches accomplissent autour du halo d'une lampe, étant à l'origine de l'entrée dans la « zone » fantastique où les expériences de vampirisme de la comtesse et de Frau Marta ont un sens :

> *Tout se coagula dans l'instant même (...) condensation qui resta suspendue hors du temps, l'horreur privilégiée, exaspérante et délicieuse de la constellation, le chemin vers un saut qu'il fallait faire et qu'il ne ferait pas parce que ce n'était pas un saut vers une chose précise, et même pas un saut.* [7]

Au reste, dans un conte du recueil *Les armes secrètes*, qui date de 1959 et s'intitule *Les fils de la Vierge*, l'auteur pose en type de correspondance incluant également la possibilité plus ou moins hasardeuse de cette double vue dont la caractéristique est de donner à voir la signification de la réalité à partir de l'interprétation « linguistique » ou « visuelle », de ce qui renferme le signe. Ici, comme le montre le premier paragraphe du récit maintes fois cité par la critique, on se heurte à une difficulté :

Personne ne saura jamais comment il faudrait raconter cette histoire : à la première ou à la deuxième personne du singulier, ou à la troisième du pluriel, ou en inventant au fur et à mesure des formules nouvelles, mais au fond cela ne servirait à rien. Si l'on pouvait dire : je vîmes monter la lune ; ou : j'ai mal au fond de nos yeux, ou, en particulier : toi, la femme blonde, étaient les nuages qui passent si vite devant mes tes ses notre votre leurs visages. [8]

En fait, dans ce conte le fantastique va naître de la discordance qui existe entre la perception directe de l'œil humain et les procédés photographiques auxquels se livre Roberto Michel, un photographe-amateur ayant pris plusieurs photographies d'une scène s'étant déroulée un dimanche dans l'île Saint-Louis. Et c'est grâce à ces photographies qu'il va pouvoir éviter à deux occasions (celle de la réalité, celle de la photographie (?) qu'une femme séduise un garçon afin de le livrer à un sinistre individu, véritable incarnation du démon [9], qui attend dans une voiture. L'ambiguïté de la duplication de la vision est posée à partir de la personne même du personnage principal, car celui-ci est Français-Chilien, traducteur et photographe : il participe donc de deux cultures d'où émanent deux perceptions de la réalité de par sa qualité de traducteur, il introduit les idées d'un système linguistique dans un autre système langagier ; enfin, à travers l'art photographique, il met en lumière une perception qui est le fait d'une machine, d'un œil mécanique que le texte oppose à l'œil humain.

Nous n'allons pas reprendre ici l'analyse à laquelle nous nous sommes précédemment livré dans un article publié à Madrid [10]. Cependant, il faut encore noter que dans ce conte la notion de sommeil-veille, telle que nous l'avons étudiée dans les chapitres antérieurs, a été enrichie par le motif photographique de la chambre noire. Ici, la chambre close, secrète, métaphore de l'inconscient d'après les surréalistes, a le pouvoir de transformer les choses : elle fait montre d'une faculté de connaissance qui dépasse la capacité de reproduire mécaniquement la réalité extérieure. Ainsi, le phénomène de l'agrandissement photographique ressemble à celui du rêve : en son centre caché, une possibilité de changer le monde tend à pointer (même si elle reste transitoire, voire hypothétique), pour enrichir le système relationnel, comme c'est le cas lors de la formation d'une figure multiple. Cette *figure* est ici en constante formation par le biais de l'animation de la photographie, car celle-ci en vient à rendre le mouvement (à la manière d'un film, ou de la mémoire), arrachant ainsi le garçon à la « bave du diable » – pour traduire littéralement le titre original, c'est-à-dire, au mal et à la corruption qui le guettent. Et ce processus se met en branle à travers un acte tenant du hasard, qui renferme toute la richesse potentielle d'une libération de l'inconscient, comme le dénoncent les phrases du narrateur :

> *En ce moment même, je ne savais pas pourquoi je regardais la photo ni pourquoi j'avais fixé cet agrandissement au mur : c'est peut-être ainsi qu'arrivent les choses inévitables.* (11)

Le narrateur envisage le hasard et la coïncidence comme des formes particulières de la connaissance, ce qui n'est pas sans rappeler les significations éclairantes de ces « objets trouvés », dont parlaient les surréalistes, objets portant, de par leur présence aléatoire, un message de continuité et d'enrichissement du sens. De même, l'idée de la fatalité constitue également un élément de réponse faisant face à l'indifférence du monde, ainsi qu'un lieu d'interaction pour ceux qui entreprennent de partir à la recherche de la coïncidence signifiante.

Ce texte, tant au point de vue structural qu'au point de vue de la constitution du fantastique, participe de l'espace textuel de *Apocalypse de Solentiname*, conte qui fait partie du recueil de 1977 intitulé *Façons de perdre*. Dans ce récit, dont le thème s'organise autour de la répression politique au cœur du continent latino-américain, telle qu'elle se manifestait durant les années 70, on retrouve le motif de la chambre photographique : ici tout part d'un polaroïd et aboutit à l'inadéquation entre la chose photographiée et l'image rendue ultérieurement. Comme dans *Les fils de la Vierge*, la vision est altérée à travers l'animation d'une photographie. Si dans le conte antérieurement étudié – dont on connaît la version cinématographique d'Antonioni, *Blow-up*, l'agrandissement est bien l'élément qui, en animant l'action, devrait permettre à un garçon menacé de se sauver pour la seconde fois, ici c'est la projection sur un écran, des diapositives prises dans le monastère de Solentiname que dirige Ernesto Cardenal au Nicaragua, qui va montrer que le contenu photographique s'est transformé. En effet, comme on le sait, le narrateur – lequel masque à peine la personne même de Cortázar – a photographié les tableaux réalisés par les paysans de Solentiname et, lorsqu'il veut regarder les diapositives dans son appartement parisien, il ne peut que constater qu'elles ne projettent en fait que des scènes de torture et d'assassinat mettant en avant les actions des militaires de l'Amérique latine des années 70. Nous avons conclu précédemment qu'un paradigme moral unissait ces deux contes que vingt années séparent : dans le premier l'idée de la « bave du diab*le* », du mal absolu et démoniaque, est omniprésente et le texte va l'opposer à l'innocence de l'adolescent ou aux « fils de la Vierge » ; dans le second, ce paradigme, qui tend alors à dénoncer les dictatures militaires des dernières décennies, laisse apparaître l'idée d'une solidarité humaine face à la torture. Dans le contexte analytique qui est le nôtre, on peut dire que les mécanismes mis en place par l'auteur sont les mêmes dans les deux contes : c'est ainsi qu'ils ont recours au principe de la chambre photographique ou de la chambre noire, et de la salle de projection, ainsi qu'à la métaphore de l'appareil-photo, en leur attribuant le pouvoir de transmuer les significations du monde. Et cette transmutation est intimement liée à cette transformation du lecteur, qui passe par celle des instances du discours. De la même façon, dans ces deux textes, la marginalité des narrateurs (soit, du narrateur-traducteur du premier conte, et, du narrateur-écrivain du second) a à voir avec le statut de photographe-amateur : le photographe étant ici conçu à la fois comme un témoin et comme un acteur qui est lié à une transformation de l'espace de la plus haute importance, puisque l'on sait que l'acte, apparemment innocent, de photographier une scène dans l'île Saint-Louis ou des tableaux naïfs à Solentiname va déterminer une métamorphose, dont l'anéantissement des antinomies sera en quelque sorte la résultante, avec ce passage unissant symboliquement l'ombre à la lumière. Aussi, une fois encore, la référence surréaliste peut-elle être convoquée, car Cortázar, qui admirait Man Ray, Max Ernst ou Raoul Ubac, comme le prouve *Le tour du jour en quatre-vingts mondes,* a de fait utilisé l'idée de la chambre noire – cette métaphore de l'inconscient – comme une étape de transition entre des formes plus profondes de la communication, lesquelles annoncent la révélation d'une « supra-réalité » [(12)].

Il faut rappeler, de plus, que le motif de la « machine reproductrice » – qu'il s'agisse d'un appareil photographique ou d'une machine à écrire telle que la Remington de Roberto Michel – est présent dans chaque récit. La machine est ici rapportée à la fascination qu'elle exerce sur l'être humain, de par son pouvoir de re-création. Ainsi, la littérature du Rio de La Plata a bien rendu compte de cette fascination, à travers bon nombre d'exemples dont Cortázar a pu s'inspirer : on peut de fait citer les récits concernant le cinéma écrits par Horacio Quiroga, et *L'invention de Morel* d'Adolfo Bioy Casáres, qui met en scène une machine pouvant projeter les vies de disparus dans le présent de la relation.

Le symbolisme de la reproduction, exploré par des contes comme *La fanfare* et *Les fils de la Vierge*, va finalement être rattaché à la situation répressive de certains des pays de l'hémisphère sud, ce dont témoigne un récit de 1977 qui appartient à *Façon de perdre*.

Le conte, qui s'intitule *La deuxième fois*, repose sur des bases tendant à s'apparenter aux textes précédemment mentionnés et, de fait, son apparente « innocence » réaliste laisse entrevoir une même ambiguïté, un même « souffle » fantastique, grâce au traitement *sui generis* de certains motifs propres à cette figure de l'emprisonnement (dans la plus large acception du terme), également présente dans les deux contes antérieurs. Mais ici, la métaphore voilée de la chambre photographique n'a plus cours. De même, l'idée de centre secret, de la chambre plongée dans une obscurité qui garantit le développement des photographies ou la projection de diapositives, est remplacée par celle d'une pièce, où la police du Buenos Aires de la dernière dictature militaire effectue des interrogatoires. Là, les personnes ayant été convoquées se transforment, malgré elles, en des candidats à la condition de disparu (de « desaparecido »), comme le montre à la fin du texte l'exemple de l'une ou l'autre d'entre elles.

Ainsi, Maria-Elena, le principal personnage victime, connaît les doutes et les questions relatives à cette « première fois » au cours de laquelle les victimes sont interrogées, puis laissées en liberté, pour être – le plus souvent – convoquées une « seconde fois ». Et c'est au cours de cette « seconde fois » que « l'anormalité » va se manifester à travers cette *chambre noire ou secrète*, où ont lieu les interrogatoires, qui semble comme « avaler » les personnes convoquées, puisqu'elle ne compte qu'une porte par laquelle Carlos est bien entré, mais par laquelle il n'est point ressorti de la pièce. Carlos va donc être, durant toute la durée du récit, la victime type que met à jour une relation fondée sur une sorte de va-et-vient narratif, intégrant successivement le point de vue des victimes et celui des victimaires. Or ces derniers sont l'envers même de ce que Louis Vax appelle le personnage onirique, cet agent du fantastique psychologique [13], puisque ici, à l'inverse, l'auteur fait naître l'horreur de la banalité, de l'insignifiance (apparente) des convocations policières que ceux-ci dispensent. Du reste, ce texte magistral connaît une véritable expansion sémantique, de par le double jeu de la fausse innocence des victimaires et de la fausse sérénité des victimes et du fait même de ce changement de perspective narrative qui passe du « nous » du groupe policier à Maria-Elena, avant de revenir abruptement, lors du dénouement, à la voix collective des policiers attendant la visite fatale, la deuxième visite de leurs victimes. Le récit crée ainsi une perspective ironique, dont l'ambiguïté naît de l'écart existant entre la banalité apparente et la violence latente, ainsi que des termes qu'utilise la narration, lesquels ont pour fin d'engendrer la vision incertaine d'un danger qui se trouve à l'intérieur de la chambre close : cette « chambre » à laquelle l'œuvre cortazarienne donne tantôt de pièce ou de lieu tantôt un statut de section d'un appareil photographique, comme l'a établi un conte tel que *Les fils de la Vierge,* dont on sait qu'il joue également de l'effet de contraste en opposant le ciel ensoleillé – où apparaît, néanmoins, un gros nuage – à la menace latente pesant sur le jeune promeneur de l'île Saint-Louis. De fait, tous les termes descriptifs de la deuxième fois

– et le texte fait notamment référence à « l'entrée étroite », à la « seule porte du bureau », tout ne mentionnant que « c'était drôle qu'il n'y ait pas d'ascenseur » - annoncent la transformation secrète qui va introduire le souffle de la menace et de la bizarrerie des faits, c'est-à-dire, en somme : la transformation de la métaphore du lieu clos ou du centre signifiant, cette image – quelque peu ironique – du réel.

Le motif de la chambre noire, se trouvant déjà dans des dessins de Léonard de Vinci, symbolise un espace intérieur capable de transformer le regard humain et de rendre à travers cette perspective une dimension différente du réel. La chambre noire peut être envisagée comme une métaphore de l'inconscient mais dans l'œuvre de Cortázar elle fonctionne à des niveaux multiples. Ceux-ci peuvent s'exprimer soit dans une salle de cinéma dans laquelle ce qu'on voit n'est qu'apparence, soit à travers une caméra photographique ou par le biais d'un projecteur de diapositives.

3. LA PEINTURE COMME AGENT DE L'INTERTEXTUALITÉ FANTASTIQUE

La publication de *Ultimo round* en 1969 accentuera la présence de pseudo-objets de fiction constitués entièrement – comme tous les objets de fiction – par le discours qui prétend les décrire (Genette). Ce qui était déjà très évident dans *Le tour du jour en quatre-vingts mondes* (1967), va s'accentuer dans l'œuvre de Cortázar et va affecter, modifier et enrichir, sans nul doute, sa notion et sa pratique du fantastique. L'auteur impliqué – image de l'auteur réel [14] – façonné par le texte et perçu de façon différente par le lecteur, sera un intervenant à chaque fois plus insistant dans la production du sens fantastique et il deviendra ainsi l'agent direct de l'intertextualité. Mais en même temps il ne faut pas oublier que l'apparente objectivité avec laquelle sont présentés les personnages, la pénétration de l'opacité du monde qui les entoure et la formation d'un psychisme à chaque fois plus complexe, sont des éléments qui se situent dans la formation d'un discours à chaque fois plus élaboré dans lequel la pertinence ontologique est en relation directe avec « l'impureté » du genre fantastique. Tout genre littéraire s'éloigne ainsi des normes traditionnelles (aristotéliques) pour entrer, au travers de son « impureté », de son mélange, de sa pluralité sémiotique, dans une véritable aventure dans laquelle l'expérience vécue devient inséparable de son énonciation.

Voici la manière surprenante et originale dont Cortázar va mettre en œuvre les principes énoncés par son théoricien fictif – Morelli – dans sa grande nouvelle expérimentale ;

voici la manière dont l'œil sensible sera amené « à voir la fissure entre les briques, la lumière qui s'y échappe...»

Bien que l'œuvre de Cortázar soit depuis toujours remplie de références à l'art pictural – pensez par exemple à *La guitare* de Picasso citée comme leitmotiv dans les monologues de Persio dans *Les Gagnants* – ce n'est que dans les récits ultérieurs à *Rayuela* que cette technique va acquérir un trait structurel : certains récits sont construits sur la base de véritables paratextes, élaborés par les peintures d'artistes célèbres et sur lesquels opèrent les narrateurs et les personnages créant ainsi des systèmes complexes d'énonciation.

Le premier exemple est un merveilleux récit intitulé *Siestes* publié en 1969 dans *Ultimo round*. L'acte cérémoniel d'initiation sexuelle de deux filles adolescentes est incité par la lecture, par l'interprétation et l'invasion des tableaux de Paul Delvaux. Le récit met en évidence la réticence de Wanda face aux avances de son amie.

En fait, le spectacle de son corps d'adolescente, la présence spéculaire de Teresa – l'initiatrice, plus développée et plus adulte – engendre chez Wanda un sentiment de culpabilité et de honte. De même, la pratique de l'onanisme, faisant suite à l'examen clandestin des gravures érotiques de la bibliothèque paternelle, occasionne la conscience fautive de Wanda ainsi que le châtiment que président les cauchemars dont elle est victime. Dans ces cauchemars le symbole récurrent est celui de la *main artificielle* d'un homme sinistre qui, selon les critiques, appartient au monde fantasmatique et nocturne de Paul Delvaux : ce personnage a, par ailleurs, un chapeau, des lunettes cerclées de métal et des lèvres minces que vient éclairer la lumière de la lune. La main est en cire rose et elle est pourvue de doigts durs et raides, c'est-à-dire qu'elle serait un parfait symbole phallique si elle n'avait aussi ce caractère de serre difforme qui, à la fin du récit, va être l'instrument de la défloration de la jeune fille. Symbole du délire onirique de Wanda et de l'hallucination sexuelle, le dénouement de ce conte inscrit le personnage principal dans la psychose hallucinatoire et non dans la mort (15).

Mais il y a aussi la présence – fréquente chez Cortázar – de personnages mythologiques présentés à travers Orphée. Nous ne parlerons pas trop d'Orphée dans la mesure où c'est un corrélât – une peinture à l'huile qui devient intertexte dans le développement de l'histoire. Il sert à indiquer la séparation (pas nette) entre le corps féminin et le corps masculin. En effet pour Wanda, Orphée ressemble à une femme « avec cette peau si blanche et ses hanches...». Cortázar reprend d'autres symboles utilisés par Delvaux : le premier est celui déjà mentionné – l'homme au costume noir avec le chapeau melon et qui dans le rêve de Wanda a une main de cire et des lunettes cerclées de métal. Les hommes avec des chapeaux melon sont un héritage de la peinture de Magritte, mais on les rencontre aussi – auprès de maisons solitaires, dans des paysages nocturnes désolants et des rues vides – dans la peinture hollandaise et flamande de l'époque. Des artistes tels que Carel Willink dans *Les derniers visiteurs de Pompéi*, (1931) utilisent tous les symboles et les motifs picturaux dont se servira Delvaux par la suite. C'est aussi le cas de Franz Radzwill et Pike Koch. [16]

Le petit homme chauve avec le cache-poussière gris, évoqué par le narrateur de *Siestes* (quand Teresita et Wanda se déshabillent devant le canapé bleu), est un personnage de grande importance pour Delvaux. Il s'agit d'une gravure de Riou que le peintre vit dans son enfance et qui apparaît dans l'édition de 1867 de *Voyage au centre de la terre* de Jules Verne.

Est-il nécessaire d'insister sur l'importance de ce fait quand nous savons que Cortázar, deux ans auparavant (en 1967), avait écrit cet excellent hommage qu'est *Le tour du jour en quatre-vingts mondes* à l'auteur favori de son enfance et de son adolescence ?

L'hommage de Paul Delvaux à la plaque de cuivre et à la gravure de Riou est si complet dans son œuvre qu'il ne changera aucun des traits du personnage : c'est en fait une reproduction exacte du fameux homme appelé professeur Otto Lidenbrock dans le texte de Verne [17]. Les filles arrivent à sauver l'album du père de Teresita, qui était enfermé à clé, pendant l'heure de la sieste quand la maison est vide et silencieuse. Les références à Delvaux trouvées dans celui-ci (parmi lesquelles plusieurs ont d'ailleurs été reprises par Speratti-Pineiro) sont les suivantes :

1. La première est *La voix publique* (1948, Fondation Delvaux en Belgique) dans lequel un train de cristal s'éloigne de la gare. Celui-ci cache une structure de métal et de verre qui est en réalité très acérée et une lanterne qui disparaît au loin.

2. Il s'agit probablement de *La lampe* (1945, collection particulière), un tableau avec des tonalités et des séries bleues qui culminent avec *Le lustre* (1952), vierge païenne de l'Annonciation : un hommage à Ingres .

3. La gravure dont parlent les filles (p. 208 de LVDOM) se rapporte à l'huile sur bois peinte par Delvaux. Cette œuvre est aujourd'hui dans des mains privées et elle s'intitule justement *Orphée*. La figure mythologique paraît en effet très ambiguë puisque Orphée a le corps et le visage d'une femme. Il est nu et on le voit de profil s'éloignant de l'entrée. A cet égard, la description de Wanda est très précise :

> *Et se demandant qui pourrait être la femme de dos avec la fermeture éclair du pull ouverte... – C'est un ornement et non une fermeture éclair – découvrit Wanda... Orphée ressemble à une femme avec cette peau si blanche et ces hanches. Si ça n'avait pas été pour ça, bien sûr...* (Voir illustration n° 2).

La séduction sexuelle exercée sur Wanda par Teresita est en pleine exécution. Au fur et à mesure que Teresita va exercer sa domination à travers l'image, on passera progressivement du refus de Wanda à une discussion sur d'autres peintures de Delvaux.

> *Je ne me souviens pas de cette gravure, dit Wanda, en appuyant, hésitante, les doigts sur l'élastique du slip.* (p. 208)

Mais progressivement, se réalisera – par le biais de l'intervention intertextuelle signalée – la nudité qu'exige Teresita.

4. La quatrième étape correspond au début de l'exploration physique qu'effectue Teresita sur le corps de Wanda :

> *C'est vrai, tu as des poils, mais peu encore, avait dit Teresita. C'est étrange, tu ressembles encore à une petite fille. Allume-moi la cigarette. Viens ici.*
> *– Non, non – avait dit Wanda, en essayant de se libérer. – Qu'est-ce que tu fais ? Je ne veux pas.*
> (P. 209, VDOM.)

Deux textes introduisent cette scène : dans le premier la remarque de Teresita indique que les femmes nues de Delvaux se croisent sans se regarder et il n'y a personne pour s'opposer à leur nudité dans la rue. Il s'agit là d'une référence à une merveilleuse peinture intitulée *Les belles de nuit* (1969, collection particulière). Deux femmes nues se croisent dans la rue sans se reconnaître et sans se parler et au loin, une autre femme (habillée) s'approche. A gauche une rangée de maisons en briques rouges crée une perspective en profondeur .

5. Le second texte ou tableau évoqué par Teresita dans cette scène fait référence à un homme habillé qui se cache dans une maison mais on ne voit que son visage et une de ses mains. Il s'agit de *La ville endormie* (1938, collection particulière, Tokyo) dans lequel les signaux descriptifs donnés par Teresita correspondent exactement à l'huile sur toile .

6. L'exploration physique du corps de Wanda n'est jamais mentionnée directement, si ce n'est à travers le sentiment que provoque la cérémonie chez Wanda et qui est décrit dans le texte. C'est un sentiment de culpabilité dans lequel les tantes (elles ont les mêmes noms que les tantes répressives de Delvaux) et le professeur de géographie jouent un rôle important. C'est le moment où intervient une autre peinture à l'huile de l'artiste belge. Les deux filles se rendent à la station pour voir défiler les trains malgré l'interdiction qu'on leur a

imposée. Ici l'auteur incorpore une autre peinture dans le récit. Il s'agit de *La gare forestière* (1960) qui se trouve dans la Fondation Delvaux en Belgique. En effet, dans celui-ci on voit les deux filles de dos regardant défiler des vieux trains avec des locomotives pleines de fumée (voir illustration N°10). Il y a d'autres variantes de ce tableau, ce qui est fréquent chez un peintre thématique comme Delvaux : le plus ressemblant est celui qui est intitulé *Les trois lampes* (1960, collection particulière à New York). Ce tableau est identique au précédent mais dans celui-ci le train a déjà quitté la gare .

7. L'autre tableau symbolise l'entrée dans le cauchemar de Wanda et il est l'objectivation de son sentiment de culpabilité, de l'homme en noir, celui qui deviendra plus tard l'homme au chapeau melon. Celui-ci apparaît dans *L'Homme de la rue* (1940) ainsi que dans *Le Congrès* (1941) .

8. Ensuite, après l'initiation de Wanda dans la cérémonie sexuelle, se produit l'identification directe avec le célèbre tableau de Delvaux intitulé *Le canapé bleu* (1952). Dans celui-ci Teresita est allongée, nue, sur un canapé, initiant alors son propre plaisir sexuel, cette fois onaniste, « et elle ressemblait à la femme du canapé bleu, mais elle était plus jeune et plus costaud » (Voir illustration n° 5).

9. Le neuvième tableau évoqué par les filles est le seul à être mentionné avec son titre complet à l'intérieur du récit : il s'agit des *Demoiselles de Tongres* (1962), tableau qui a plusieurs variantes (par exemple *Douce nuit*, 1962) et dans lequel apparaît aussi le petit homme au cache-poussière gris. Ce dernier paraît être celui cité dans le récit. Ce sont des tableaux dans lesquels le corrélât intertextuel désiré par Cortázar s'accomplit à merveille car une fois achevée la cérémonie d'initiation de Wanda, ils coïncident avec la présence déclarée de l'amour homosexuel féminin (qui auparavant était seulement sous-entendu). En effet, *Les demoiselles de Tongres* (1962) montre en premier plan deux femmes enlacées et demi-nues et d'après la description de Wanda :

s'embrassant, enveloppées de tuniques bleues et
rouges, mais nues en-dessous et une avait les seins
en l'air et elle caressait l'autre... et elle la caressait
en passant les doigts par le bas du dos comme
l'avait fait Teresita... (p. 211, VDOM), (Voir
illustration n° 11).

10. Le dernier tableau évoqué par Wanda résume l'action
finale de cet extraordinaire récit de Cortázar et il englobe
l'intégration de tous les plans antérieurs.

C'est le moment dans lequel apparaissent dans le tableau
cité par Wanda les personnages de l'histoire fantastique de
Cortázar. Curieusement c'est le tableau qui obsède le plus
l'héroïne de l'histoire : « *C'était la gravure dont elle se*
souvenait le plus » (p. 213, VDOM), affirme le narrateur. Il
s'agit de *L'offrande* (1963), titre symbolisant parfaitement la
situation vécue par les deux jeunes femmes. Wanda procède à
la description exacte du tableau (et ça ne vaut pas la peine de
la répéter). Ce qu'il est important de souligner c'est que
l'invasion de la textualité du conte va maintenant passer au
tableau même et va se transformer en une hypertextualité aux
environs proches du dénouement, comme dans un jeu de
miroirs réfléchissants. La femme qui s'éloigne, nue, avec une
tunique dans la main, sera Wanda.

Et à la porte, en premier plan, se trouvait Teresita
regardant la table avec la lampe dessus, sans se
rendre compte qu'au fond l'homme en noir attendait
Wanda, immobile d'un côté de la rue. (p. 213,
VDOM.) (Voir illustration n° 6).

C'est de cette manière extraordinairement riche et
complexe que Cortázar inaugure dans le récit fantastique les
motifs de la peinture comme agents référentiels d'une
intertextualité fantastique, créant ainsi un symbolisme de la
transformation des acteurs, qu'inclut à la peinture comme
mystère de l'art et à la spiritualité des hommes en tant que
son agent principal.

Michel Butor a en effet dit que les tableaux de Delvaux sont comme élaborés pour l'imagination des écrivains et des poètes.

Siestes inclut une véritable poétique de l'espace au sens figuré et à travers les deux habitations principales, la maison des tantes répressives de Wanda et la maison de Teresita. Ces deux lieux offrent deux langages qui s'avèrent hermétiques pour les filles : la phrase latine « te lucis ante terminum, nunc dimittis...» se réfère au chapitre II de saint Lucas, *Histoire de Siméon*, dans lequel celui-ci accède à la révélation divine qui devrait « illuminer tous les peuples et son peuple ».

Le deuxième correspond à la lecture en français (langue incompréhensible pour les deux filles) du livre sur Delvaux : «...la sérénité est sur le point de basculer ». L'interprétation fantaisiste qu'en font les jeunes filles est grotesque. Elle démontre que le seul système de langage possible (le langage de la « décodification ») sera donc celui des tableaux de Delvaux et les filles s'y appliqueront dans ce monde de l'interdit dans lequel le vampire masculin – symbolisant la libido selon Jung – exprime son dernier mot.

Dans un tout autre contexte, bien qu'il garde néanmoins les mêmes constantes structurales, il paraît en 1977, dans *Façons de perdre*, un récit fascinant intitulé *Réunion avec un cercle rouge*. Dans ce texte, la présence féminine prend la forme d'une inconnue qui pénètre dans un mystérieux restaurant de plus en plus dangereux où l'unique client, un narrateur, va prendre sa défense. Cortázar a totalement transformé le sens du tableau homonyme du peintre vénézuélien Jacobo Borges sur lequel il fonde son conte, puisque le texte et la peinture en arrivent finalement à ne plus se ressembler thématiquement. Cependant, l'auteur en a retenu certaines des tensions internes relatives à l'idée d'une menace qui vient s'opposer à l'innocence et à la violence souterraine étant sur le point d'affleurer, ainsi qu'une atmosphère apparemment calme et silencieuse. Aussi, ce qui dans le tableau de Borges est un demi-cercle que forment, autour d'une pièce recouverte de tapis – laquelle reproduit un cercle rouge – des silhouettes floues, assises et décorées participant d'un pouvoir militaire corrompu, se transforme dans le récit de Cortázar en un restaurant où des garçons silencieux, distants et presque flous attendent et servent les rares clients en manifestant, de fait, une même menace diffuse que les personnages de l'œuvre picturale (Voir illustration n° 7).

La figure mystérieuse de la femme qui apparaît dans le conte correspond à celle d'une sorte de touriste anglaise, distraite et un peu myope. Cette femme se trouve dans le restaurant de Zagreb, soit dans un lieu hostile, non loin de Wiesbaden, auquel le récit donne un caractère vaguement balkanique et dangereux. En fait, dans ce texte d'évidentes résonances transylvaniennes inhérentes au vampirisme sont venues remplacer les connotations politico-sociales manifestes du célèbre tableau de Borges qui est exposé au Musée d'Art moderne de Mexico :

> *Here (the painting) enjoys the symbolic and iconic devices of power seen in staged publicity photographs of international summit conferences : the red carpet and the row of uniformed military heads of state. The unreality of such photographs, which pose as reality in the media, is accentuated in this painting by the incongruity of a beautiful woman baring her body (...).* [18]

En effet, la belle femme à demi-nue du tableau, qui paraît être la prisonnière des terribles militaires sans visage, est le seul personnage auquel l'œuvre donne une certaine individualité, une certaine identité (de victime ?) contrastant avec le sinistre anonymat des autres individus. Dans le texte de Cortázar, la femme a perdu sa beauté et son aura diaphane pour se transformer en un personnage négatif et relativement stupide. Ainsi, l'impossibilité de récupérer la femme a ici à voir avec la violence qui se détache du lieu clos et du groupe de serveurs (ou ne pourrait-on pas dire du groupe de vampires ?), tout en se rattachant également à l'attitude antérieurement commentée des narrateurs de ce groupe :

> *– Jenny, dit la femme. C'est la seule chose que nous ayons pu savoir d'elle quand nous l'avons connue, elle a tout juste eu le temps de nous dire qu'elle*

s'appelait Jenny, à moins qu'elle n'ait voulu appeler
quelqu'un d'autre, après il n'y a plus eu que les
hurlements, c'est absurde qu'ils hurlent tant. [19]

De la même manière, le conte de *Nous l'aimons tant,*
Glenda, *Graffiti*, poursuit cette représentation d'un centre
secret, chargé d'une signification symbolique. Cependant, ce
centre n'est pas constitué ici par une salle policière, ou par
une chambre noire, mais par une ville soumise au couvre-feu,
dont les murs reflètent une vision proprement nocturne, qui
symbolise beaucoup des capitales latino-américaines au cours
des régimes dictatoriaux des années 70. Ce conte apparaît,
une fois encore, comme un texte en perpétuelle
transformation, et sa polysémie s'édifie sur la coexistence, sur
la juxtaposition des images verbales qui émanent des graffiti
(soit, dans d'autres contes, d'un tableau, d'un dessin, d'une
peinture, ou d'une musique). Par là même, il participe de ces
textes-icônes, dont parlait Bakhtine, qui ont pour principale
caractéristique de réunir, dans un même système, la
« narrativité » de la langue et la fixation spatiale d'une image
visuelle [20]. C'est pourquoi il témoigne du grand intérêt que
Cortázar a toujours porté à ces textes, qui sont l'expression
d'une langue tendant à réfléchir un système analogique, à
l'instar de la formulation inhérente à la « figure », à ce signe
ou à ce module hypothétique du réel .

Aussi, le titre même du conte, tout comme le fait que le
texte soit dédié au grand peintre, Antoni Tàpies, vise-t-il à
indiquer que la dénonciation de l'angoisse et de l'horreur
– produits de la situation concrète du continent sud-
américain – passe par la représentation picturale, soit plus
précisément encore, par des dessins faits avec des craies de
couleur. Ces dessins sont l'œuvre d'un personnage qui est mis
en avant à travers le « tu », à travers la perspective du
tutoiement qu'adopte un autre personnage, ou plutôt un
narrateur-témoin quelque peu fluctuant. La composante
fantastique est ici très diluée et on ne la perçoit, tout d'abord,
que dans cette atmosphère nocturne de terreur et de mystère
où baigne l'action : notamment, des mains invisibles réalisent
des dessins, bravant ainsi la double interdiction qui proscrit
de sortir après le couvre-feu et d'inscrire quoi que ce soit sur

les murs de la ville. Néanmoins, en allant plus avant, on constate alors que le fantastique se fait jour à travers le traitement narratif, puisque à la fin il va s'opérer un changement de narrateur qui donne tout son sens et toute son ambiguïté au conte, le personnage-narrateur ne s'adressant plus à un « tu », mais à un « vos » (c'est-à-dire, à un « tu » traité avec plus de familiarité encore), qui semble être celui de la femme ayant établi un dialogue, une communication amoureuse et vitale avec le protagoniste, soit une sorte de défi à la censure et à l'autorité des militaires débouchant sur l'arrestation et la torture. Ainsi, le récit donne lieu à un renversement final – ce renversement que l'on retrouve non seulement dans *Histoire avec des mygales*, mais aussi dans des contes tels que *Les portes du ciel* et *Les armes secrètes* –, à un changement de narrateur qui crée une nouvelle perspective narrative dont la finalité est de donner un autre « éclairage » à la relation. Aussi, la négation, la modification, l'altération des contenus du récit, ainsi que l'affirmation de l'ambiguïté et de la contradiction des faits constituent-elles, à travers le changement de la personne narrative, le tremplin de la manifestation de ce *doute fantastique*, de cette incertitude qui, selon Todorov, est la réalisation fugace du fantastique moderne. Il est fréquent que dans ce jeu, où le sujet de l'énoncé se transforme en sujet de l'énonciation et vice versa, le déplacement même soit le moyen et l'objet du fantastique. Et précisément, Angel Rama a tenté de circonscrire le déplacement tel qu'il apparaît dans l'œuvre de Cortázar, tout comme l'éphémère appréhension de l'instant signifiant :

> *Une lecture chronologique de ses œuvres révèle que cet art naît de la nécessité de relier, dans le même temps et dans l'espace, des points perçus comme des foyers communicants. Le passage de l'une à l'autre répond à une force d'attraction qui émane d'eux et ne parvient jamais à vaincre définitivement la force opposée de répulsion, d'où un glissement constant dans les deux sens.* [21]

Antoni Tàpies a rendu un émouvant hommage à Cortázar et à la nouvelle *Graffiti* dans son livre *La réalité comme art*. Il nous rappelle que *Graffiti* fut écrit pour présenter le catalogue de l'exposition dédiée à Tápies organisée par

Maeght à Barcelone, en 1978. Néanmoins, l'artiste catalan affirme qu'une distinction précise doit être faite entre la notion de graffiti et celle de peinture murale (cette dernière est moins spontanée, plus programmée, mais constitue actuellement son pôle d'intérêt principal).

Tàpies se déclare un spécialiste des murs et se souvient qu'à la mort de Franco, les Espagnols avaient aussi créé de véritables « symphonies murales » pour demander le retour à la démocratie (Voir illustration n° 8).

Orientation des chats, ce récit publié en 1980 qui fait partie du recueil *Nous l'aimons tant, Glenda*, est un texte d'une qualité et d'un intérêt très supérieurs. Ici, la transformation des actants, à travers la vision artistique ou la pratique de certains arts, atteint une intensité bien particulière et elle en vient à toucher non seulement le champ sémantique du récit, mais aussi la propre nature ontologique des personnages, le chat et la femme pouvant, par là même, changer d'identité, tout en parvenant à se situer à l'intérieur des espaces du récit et de la peinture évoquée, dont l'auteur est le Mexicain Juan Soriano (Voir illustration n° 3,).

Il s'agit là d'une réflexion sur la possession de l'être par l'intermédiaire du regard, ainsi que de l'irruption, conséquente, dans cet équilibre et cette immortalité de l'art qui s'opposent à la prolifération et au désordre de la vie :

> *Chaque nouvelle peinture recouvrait Alana et la dépouillait de sa couleur précédente, tirant d'elle les vibrations de la liberté, du vol, des grands espaces, affirmant son refus face à la nuit et au néant, son désir solaire, son élan presque terrible de phénix.* [22]

Mais, en dépassant le niveau le plus évident du récit, on observe que le nom « Alana » est en quelque sorte la réminiscence onomastique du vocable espagnol « ala » (aile), lequel exprime la liberté, l'apesanteur, le vol d'Icare avant la chute ou la tragédie de la cire fondue. De la même manière, le chat Osiris porte le nom d'une divinité égyptienne, c'est

162

dire qu'il convoque en lui-même le hiératisme de la mort et la fluidité de la vie. Il est un être de l'ambiguïté des contraires qui, à l'instar du félin que décrit *Le chat noir* de Edgar Allan Poe, a la capacité de projeter l'invisible, l'ineffable et le fantastique. Cependant, la terreur projetée par le « chat noir » de Poe, qui fascinait Cortázar, n'apparaît pas ici sous la forme d'une animalité monstrueuse, ni sous la forme d'un symbole des puissances secrètes et démoniaques. Dans ce récit, en effet, cette projection est l'agent d'un danger ontologique : tout se passe comme si le hiératisme proprement indifférent de l'animal était, en somme, un révélateur de la modification de l'identité. *Le passage* créé se présente donc comme un attribut de la vision émanant de l'art, comme un attribut de l'exploration de cette zone intermédiaire mentionnée par « Poe-Cortázar » lui-même : une zone qui n'est pas le fait de la folie, ni celui du rêve, bien qu'elle les attire pour les projeter en tant que mystère de la création artistique en soi [23]

Comme dans tous les récits de cet ensemble, ce texte nous montre la profonde transformation des actants à travers les rapports que ceux-ci entretiennent avec certaines formes artistiques explorées par Cortázar. L'identification établie entre Alana et Osiris, leur assimilation à une *réalité autre* qui est celle de l'immobilité propre à l'identification du féminin au félin – chose constante dans l'œuvre de Cortázar. Mais la métamorphose dont il est question ici n'aboutit nullement à une perte totale de l'identité, car elle s'édifie sur cette homologie qui rapproche les êtres participant d'une même essence : de fait, Alana et Osiris possèdent une même capacité visionnaire, un même hiératisme sublime, une même faculté de comprendre ce qui se trouve en marge de la connaissance rationnelle.

Fin d'étape est un texte plus fascinant et plus subtil. De fait, on peut y percevoir une trame qui rappelle celle d'*Orientation des chats*, puisque le récit met en scène une femme solitaire appelée Diana, lors de sa visite à l'exposition de peinture d'un petit musée de province. De même, il existe une parenté entre ce conte et *Réunion avec un cercle rouge*, car bien que ce dernier récit intègre des motifs centraux des plus spécifiques, il n'en reste pas moins qu'il met également en lumière une vision analogique, qui naît chez le narrateur après que celui-ci a vu des peintures – lesquelles agissent sur lui comme autant d'« agitateurs » de la conscience, comme autant d'agents de l'ouverture de ces interstices où l'art et la vie sont à jamais mêlés, enfin, comme autant d'éléments supérieurs à la monotonie de l'existence quotidienne.

Aussi, *Fin d'étape* participe-t-il de cette perspective dès l'épigraphe même. En effet, cette inscription augurale fait d'une part référence au peintre Antoni Taulé, ce Catalan quasiment imaginaire dont l'œuvre est chargée d'un symbolisme réaliste et pour lequel Cortázar devait écrire un texte de présentation picturale, pareil à celui qu'il consacra à Jacobo Borges. Mais, d'autre part, c'est bien la mention de Sheridan le Fanu qui est, de par la filiation fantastique qu'elle implique, le point le plus important de cette épigraphe en deux temps. La référence, d'ordre cryptographique, saluant *Les maisons* de Sheridan le Fanu, est en relation avec l'atmosphère mystérieuse de Carmilla, ce texte dont le personnage éponyme est un séduisant vampire femelle qui suce le sang de son amie Laura. De fait, la maison de *Carmilla* est une variante de la maison hantée dans laquelle le fantôme peut passer à travers des portes fermées et traverser les murs. Aussi, dans *Fin d'étape*, le passage d'un tableau à l'autre se réalise-t-il à travers ces portes fermées et ces portes peintes grâce auxquelles le musée provincial s'apparente à une maison hantée, de par le sujet même des peintures de son exposition. Mais la réalité que projette la vie de Diana est d'une nature bien peu exceptionnelle ; tout n'est que répétition insensée et médiocre d'actes mécaniques :

> *Tout symétrique, comme toujours pour elle, une nouvelle étape venant comme la réplique de la précédente, l'hôtel qui ferait un nombre pair d'hôtels ou qui serait impair, que l'étape suivante compléterait...* [24]

Le retour au musée, afin de voir le tableau obsédant, fait pénétrer le personnage à l'intérieur même de la toile. Ce retour porte également en lui l'idée que la vie de Diana va « demeurer ainsi sans du tout changer, la lumière immobile comme tout le reste, comme elle et, comme la fumée

164

immobile » [25]. Ce qui revient à dire, somme toute, que le passage cortazarien accouche d'une réflexion sur les différents niveaux de l'incommunicabilité, de la frustration et de la fausseté des valeurs, dont la pierre de touche est la pratique ou la fréquentation de divers arts dans lesquels l'auteur en est venu à mettre de plus en plus de sens.

L'épigraphe du conte *Fin d'étape* fait donc référence à la peinture de Antoní Taulé, l'artiste catalan qui avait fasciné Cortázar à la fin de sa vie. L'expression « pour certaines tables » (voir épigraphe) est en relation avec son tableau appelé *Science mathématique* (1980) dans lequel une chaise vide et une table mystérieuse sont évoquées par Cortázar en utilisant le motif fantastique du personnage qui entre dans un tableau et reste à jamais prisonnier de la toile, comme c'est le cas de la nouvelle *Sybilla van Loon*. Des années plus tard, Taulé exécutera un tableau en hommage à Cortázar, dans lequel il reprendra le thème cortazarien. *Fin d'étape* sera son titre et fera apparaître Diana, incarnation de la solitude et de l'attente. (Voir illustrations n° 4 et 9)

4. L'EXISTENCE NOMINALE
ET LA PRÉSENCE AMBIGUË :
LES AGENTS DE LA MORT VIOLENTE

Il existe dans l'œuvre de Cortázar une variante thématique des plus intéressantes, quoiqu'elle soit l'objet d'un développement limité, à savoir, celle des modèles relatifs à ce passage qui est ici rattaché à l'identification des actants. Ainsi, dans la première édition de *Final del juego* (*Fin d'un jeu*), *El movil* (*Le mobile*) – ce conte qui a l'apparence d'un récit policier à la manière de Poe, dont le moteur de l'action semble lié à une activité déductive pouvant identifier l'assassin ou le coupable – est l'illustration parfaite d'un tel phénomène. De fait, dans tous les contes appartenant à l'ensemble dont il est ici question, l'identité des actants est incertaine, quand elle ne tient pas purement et simplement d'une convention nominale qui sera dévoilée à la fin de la relation, pour venir corroborer, à la plus grande joie du lecteur, l'idée que celui que l'on a soupçonné n'est précisément pas le coupable.

Par ailleurs, Cortázar en vient à suivre les principes de Poe, lorsqu'il fait en sorte que l'élucidation du « mystère » contrecarre l'explication discursive de type rationnel. Aussi, la vengeance, ou la mort violente apparaît-elle souvent comme un acte de possession, plutôt que comme le résultat d'un problème mis à jour par quelque élucidation. Et c'est, du reste, ce qui se vérifie dans *Le mobile*, ce conte qui met en scène une serveuse, appelée Petrona et surnommée la « Galicienne », se trouvant à bord du même bateau que le narrateur, lequel se rend à Marseille pour venger la mort de l'un de ses amis. En effet, la fin du conte va montrer que la jalousie que ce dernier éprouve envers la petite employée est ici plus déterminante que l'exécution du véritable assassin. Néanmoins, l'ambiguïté tend à persister, puisqu'en définitive le dénouement laisse le lecteur dans le doute. A dire le vrai, cela semble indiquer que l'auteur de ce conte – très proche des productions de Poe, car sa rédaction coïncide quasiment avec la traduction cortazarienne de l'œuvre de l'écrivain américain – veut surtout souligner ici que l'incertitude concernant la véritable existence et l'élucidation possessive du mystère de « l'autre » (mystère au sein duquel le personnage féminin joue un rôle fondamental) vont de pair.

Le mystère policier et celui de l'être sont ainsi, pour Cortázar, deux facettes de ce mystère de la connaissance auquel l'auteur attribuera par la suite une troisième facette : le « mystère politique ».

Un même problème se trouve posé dans *Los amigos* (les amis), conte qui est un exercice de style laconique publié dans la seconde édition de *La Fin d'un jeu*. Le mystère policier subsiste après la mort violente du gangster Roméro, parce que l'identité de ceux qui sont à l'origine de cette disparition reste confuse, indéterminée, de par le jeu verbal, consistant à désigner les actants par des numéros et non par des noms, dont les personnages sont l'objet.

Dîner d'amis reproduit la correspondance entre deux amis à l'occasion d'une invitation à dîner à Buenos Aires, rassemblant de vieux camarades.

De fait, la citation d'Héraclite, qui sert d'épigraphe, affirme la condition élastique du temps et permet ainsi de cerner le jeu de ce conte. Celui-ci se construit comme un « divertimento » où la logique de la succession des lettres est altérée. En effet, le protagoniste remercie d'avoir été invité et félicite la réussite de la réunion, à laquelle il a pu participer, dans un courrier datant du jour précédant la missive en principe initiale formulant l'invitation à ce dîner.

La modalité de *Dîner d'amis* ne s'identifie point à l'une des catégories commentées par R. Caillois dans son

Anthologie du fantastique ; elle ne peut s'assimiler ni à la reproduction des faits annoncés par avance, ni à la compression du temps qui impose la répétition de siècles en de brefs instants. Ce récit de Cortázar reproduit dans le passé de la narration des données qui ne sont pas encore survenues. De plus, elles vont coïncider dans le dénouement avec la mort de l'un des personnages du groupe d'amis qui se suicide. La technique de composition du conte permet de maintenir le malentendu. En effet, la personne invitée, Federico Moraes, croira jusqu'à la fin qu'il s'agit d'une farce de son ami Alberto Rojas grâce à laquelle Robirosa est accusé imaginairement d'être à l'origine des difficultés de la victime nommée Funes.

En un certain sens, Robirosa et Moraes ont raison de rire des lettres de Rojas, car celles-ci parlent de dangers et de disputes se déroulant au cours d'un dîner qui n'a pas encore eu lieu. Cependant, le dénouement, qui laisse prévoir le suicide de Funes, et la lettre finale de Moraes annonçant l'annulation de la réunion à cause du deuil, ne font qu'en confirmer la *vision prémonitoire*. Celle-ci est à la base de la production fantastique de ce « divertimento » narratif de Cortázar, qui joue avec la notion de l'incertain à partir d'une perception extra-sensorielle du temps sous une modalité d'anticipation associée avec le futur imaginaire.

En fait, *Le soir de Napoles* reste le conte le plus important de cet ensemble textuel. A l'exemple de *La deuxième fois* ou de *Cauchemars*, il a aussi à voir avec la situation produite par la répression militaire des années 70. Il s'agit d'un récit très complexe – ce qui tend à lui conférer un suspens policier de grande qualité – dans lequel l'identification des actants s'avère difficile. L'action centrale se déroule dans une tente de cirque se trouvant dans la banlieue parisienne, où a lieu un championnat du monde de boxe organisé par l'acteur-imprésario, Alain Delon. Ainsi, un certain Estevez doit assister au combat, pour laisser venir à lui un dénommé Walter et mettre discrètement dans le sac de ce dernier le paquet rempli d'argent et de papiers que Peralta, le chef et le cerveau de l'organisation, lui a remis. Dès le début, le dialogue entre Peralta et Estevez met le récit dans un contexte éminemment référentiel qui tient du ludique, du politico-policier et du littéraire. Aussi, un récit policier tel que *La lettre volée* d'Edgar Allan Poe est-il évoqué par le chef de l'opération, qui en vient à le comparer avec l'intrigue qu'il a lui-même élaborée, soit avec la trame du *Soir de Napoles*. De fait, il faut rappeler que dans *La lettre volée* ce qui est en jeu, c'est bien de trouver la solution d'une énigme : un ministre a dérobé une lettre compromettante dans les appartements royaux en laissant à la place une autre lettre et, malgré tous les efforts de la police parisienne, qui connaît l'identité du « voleur » mais ignore la cachette du précieux billet, la lettre reste introuvable. La missive sera finalement retrouvée dans la maison même du ministre et plus précisément encore, dans un endroit auquel personne n'avait pensé, de par son évidence : la lettre y étant comme exposée au regard de chacun. En somme, comme dans *Le scarabée d'or*, la complexité de l'élucubration mathématique autour du calcul des probabilités fait écran, par excès de rationalisme, à la résolution d'un problème relativement facile.

Comme l'indique le titre du récit cortazarien, tout ici est dans l'ordre du glissement, de l'ambiguïté et de l'incertitude, étant donné que l'identité de Walter (l'une des données de départ) est d'abord confuse, puis finalement, inexistante : le personnage qui se donne pour tel, en dialoguant avec Estevez et en emportant le paquet, n'a pas en fait, cette identité-là ; il reste cet homme sans nom, ce « deuxième homme » à cause duquel Estevez a échoué dans sa mission, à cause duquel il sera liquidé par son propre chef.

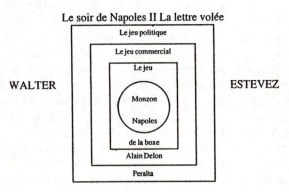

Les personnages de ce récit sont, en définitive, les instruments d'une volonté supérieure qui leur échappe.

Estevez est l'aveugle instrument de Peralta, lequel est à son tour celui du faux Walter et de ses compagnons. De même, Monzon et Napoles sont les instruments d'Alain Delon et de la loi de la boxe, soit des intérêts financiers. Ainsi, on pourrait dire que le bruit sourd de *Maison occupée* a été remplacé par les bruyants encouragements ou les tumultueuses vociférations des différents amateurs de boxe et la maison « profonde et silencieuse » est devenue un chapiteau monté à la hâte, auquel un parcours fait de planches donne accès.

Aussi, le symbolisme de la reproduction – lequel atteint l'identité des actants à des niveaux multiples, comme on l'a vu – porte en lui l'idée d'une mort violente, qui est liée ici à l'exploration d'un mystère de type policier. Et, tout cela participe, en somme, de l'expression d'une esthétique narrative proche de celle de Poe : tout tend à formuler, à travers l'univers concentré d'un récit concis, la reconstruction symbolique de l'unité perdue par l'être, et les relations sous-jacentes qui guident l'homme dans le monde.

Notons à ce titre ce qu'écrit Edgar Allan Poe dans *Le chat noir*, ce récit que Cortázar a d'ailleurs traduit en espagnol :

> *Relativement à la très étrange et pourtant très familière histoire que je vais coucher par écrit, je n'attends ni ne sollicite la créance. Vraiment, je serais fou de m'y attendre dans un cas où mes sens eux-mêmes rejettent leur propre témoignage. Cependant, je ne suis pas fou, et très certainement je ne rêve pas.* [26]

Le soir de Napoles combine deux formes de la nouvelle à la manière de E. A Poe : dans la première le mystère qui se développe dans la trame cache un secret inestimable difficile à déchiffrer comme c'est le cas dans *Le scarabée d'or*.

Dans la deuxième, l'hypotexte constitué par *La lettre volée* aurait à voir avec la solution d'une énigme qui se confond avec l'interprétation de l'inconscient et de la mémoire selon les commentaires de Lacan et Derrida. [26]

171

NOTES

1. Voir, par exemple, l'ouvrage de Mac Adam, *El individuo...*, *op. cit.* ; et l'article de García Méndez, « De un cuento de Cortázar y de la teoría de lo fantástico », in *Plural*, México, n° 3, oct-nov. 1979.

2. T. Todorov, *Introduction à la littérature fantastique, op. cit.*, voir le chapitre V, « Le discours fantastique ».

3. J. Cortázar, *Tous les feux le feu, op. cit.*, p. 143.

4. *Ibid.*, p. 136 notamment.

5. Cortázar, *Gîtes, op. cit.*, p. 138-139.

6. Voir Angel Rama, « Julio Cortázar, inventeur du futur », in *L'Arc*, n° 80, Paris, 1981, p. 8-16.

7. Cortázar, *62 maquettes à monter* (1968), Paris, Gallimard, 1971, traduction de Laure Guille-Bataillon, p. 20.

8. Cortázar, *Les armes secrètes* (1959), Paris, Ed. Gallimard, 1963, traduction de Laure Guille-Bataillon, coll. Folio, p. 125.

9. Dans un article intitulé « El contexto moral en algunos cuentos de Cortázar », Julio Matas décèle ici la présence du démon ; présence qui se donne à voir notamment à travers la façon de marcher du personnage, car il se déplace « comme si le pavé lui blessait les pieds ». Le critique fait ainsi référence à cette tradition qui attribue au démon des pattes de chèvre ou de bouc. Cf. *Revista Iberoamericana.* n° 84-85, Pittsburgh, décembre 1973, p. 607.

10. Voir R. Silva-Cáceres, « Los tipos de narración en *Las babas del diablo* y *Apocalipsis de Solentiname* », in *Identidad cultural de Iberoamérica en su literatura*, Madrid, Ed. Alhambra, 1986, p. 208-216.

12. Voir R. Silva-Cáceres, *op. cit.*, p. 210.

13. Voir L. Vax, *La séduction de l'étrange, op. cit.*, p. 73. L'analogie n'est pas toujours la base de la fonction

172

fantastique : de fait, le traditionnel marchand, repoussant et exotique, qui : vend des objets dans un endroit sinistre, ne ressemble nullement à ces agents de la torture et des disparitions, qui prennent leur café, aiment parier et ont des vies « commodes » et transparentes.

14. Voir : Wayne Booth, *The Retoric of Fiction*, The University of Chicago Press, 1969.

15. Voir : E.S. Speratti-Piñero, « J. Cortázar y... pintores belgas », NRFH, Mexique (2), 1979.

16. Voir : *Les réalismes*, Paris, Ed. Centre Pompidou, 1980, p. 176-187.

17. Voir : *Paul Delvaux*, Paris, Ed. Cercle d'art, 1991, p. 94-96.

18. *Art of the Fantastic* (Latin America, 1920-1987), Indianapolis Museum of Art, Indiana, USA, 1987, p. 301, les critiques disaient que ce tableau est un portrait sociologique des gouvernements latino-américains du XXe siècle (p. 153).

19. Voir Cortázar, *Quelqu'un qui passe par là*, *op. cit.*

20. Voir Bakhtine, *Esthétique et théorie du .....,* Paris, Gallimard, 1978 (« Formes et temps du chronotope »).

21. Cf. A. Rama, « Julio Cortázar, inventeur du futur », in *l'Arc*, *op. cit.*, p. 11-12.

22. Cortázar, *Nous l'aimons tant, Glenda*, p. 13.

23. Pour Edgar Allan Poe, l'esthétique de la véritable œuvre d'art doit se fonder sur cette perfection formelle qui permet d'exprimer le monde et grâce à laquelle « none of the component atoms can be displaced without ruin of the whole », bien qu'en même temps l'artiste qui la forge paraisse guidé par un vide de la totalité divine : « The universal is a plot of God ». Voir *Eureka*, in *Essays and reviews*, New York, 1984, p. 1295-1340.

24. *Heures indues*, p. 84.

25. *Ibid.*, *op. cit.*, p. 93.

26. In : Contes - Essais - Poèmes, Paris, 1989, Ed. Robert Laffont, coll. «......» (trad. de Baudelaire). Pour une traduction cortazarienne du texte, voir *Cuentos*, II, Madrid, 1986, p. 105.

CHAPITRE V

LES ÉTAPES SUCCESSIVES DE L'ÊTRE ET DE L'ÉTRANGETÉ PARA FANTASTIQUE

1. AU CŒUR DE L'ADOLESCENCE :
LA CROISSANCE, LE DÉSIR
ET L'INCOMMUNICABILITÉ

La plupart des récits qu'il s'agit maintenant d'étudier en viennent à transformer le signe même du fantastique, en diluant sa présence afin de mettre en avant une vision essentiellement liée à l'étrangeté et à l'insolite, en tant qu'agents de l'exploration de la personnalité féminine ou de l'initiation adolescente . [1]

Une des modalités significatives de ce processus est constituée par le désir érotique existant entre un adolescent, pubère ou resté enfant, et une femme plus âgée – relation qui atteint ainsi de tels niveaux de tension, voire de supplice, qu'elle s'avère insupportable pour chacun. De fait, le premier texte, *Mademoiselle Cora*, qui fut élaboré en 1966 et publié dans *Tous les feux le feu*, nous en donne le cas extrême. Là, l'amour naissant du très jeune protagoniste pour son infirmière – protagoniste qui se trouve dans une clinique afin de subir une opération de l'appendicite se révélant désastreuse – va se résoudre par la mort du garçon. Le problème se rapporte ainsi à l'idée de la croissance, conçue comme l'entrée dans un monde incomplet qui conduit « à une entrée dans la mort », dans la mort de l'amour ou, comme nous l'avons vu, dans l'amour de la vie.

Le motif central, qui est l'assise de ces récits participant de la production relativement tardive de l'auteur tout en offrant une nouvelle élaboration d'expériences antérieurement envisagées, c'est bien celui du *héros adolescent en état de délire* : l'entrée dans l'expérience vitale, amoureuse ou sexuelle semble toujours traumatisante et, parfois, elle borde les limites mêmes de la démence ou de l'aliénation onirique.

Si dans *Mademoiselle Cora*, ce délire est réel parce qu'il est le fait d'un état post opératoire, dans *Siestes* – ce récit de 1967 qui fait partie du *Tour du jour en quatre-vingts mondes* – cette expérience se présente comme un véritable cauchemar onirique se référant à la peinture lunaire et fantastique de Paul Delvaux comme nous l'avons vu dans les pages précédentes. Dans les deux cas, le sentiment de culpabilité relatif à l'éveil érotique tend à primer : le premier conte met ainsi en avant la honte – d'être jeune et inexpérimenté, de manger des bonbons et de lire des revues enfantines – que ressent le garçon face à la femme adulte, alors que le second met l'accent sur la honte qu'éprouve Wanda face à son amie Teresa, laquelle fait son initiation au cours d'une véritable cérémonie interdite de l'onanisme.

Ainsi, dans *Siestes,* déjà cité, tout paraît s'agencer autour d'un cérémonial tenant du cauchemar. Le titre, qui évoque l'heure de la sieste, la solitude coupable des deux personnages féminins et la nudité progressive de l'ordre de l'exploration, prête au récit une aura de délire tendant à annoncer cette scène finale dans laquelle un sinistre individu et une main monstrueuse vont exécuter l'acte ultime et traumatisant.

Chez Wanda on trouve un sentiment de culpabilité et de honte qui ressemble à celui qu'expérimente l'adolescent du récit antérieur lorsque l'infirmière vient le raser avant l'intervention chirurgicale et qu'il a honte de son sexe.

Dans *Au nom de Boby*, conte publié dans *Façons de perdre* – soit dix ans après les deux récits mentionnés antérieurement – la violence latente de *Mademoiselle Cora* et de *Siestes* prend une forme quasiment effrayante.

Et le plus curieux c'est que cela a lieu dans un conte où nul acte qui se veut comme tel ne se donne à voir ouvertement. Ici, en effet, les phénomènes de latence jouent un grand rôle. Ainsi, l'emblème de l'agression onirique (la main crispée en forme de serre en cire) va être ici remplacé par un long couteau de cuisine que Boby, un enfant de huit ans, manie et retourne (mentalement) contre sa mère : la figure maternelle, apparemment détestée par le garçon, venant de fait s'opposer à la tante permissive pour laquelle celui-ci éprouve une affection filiale dénuée des ambiguïtés du cas antérieur. Néanmoins, on pourrait également parler à ce propos d'un symbolisme phallique se rattachant aux angoisses de la castration, angoisses que pourrai déterminer une mère dominatrice à l'excès. Aussi, ce qui est purement érotique paraît-il comme dilué, comme caché sous les formes dominatrices de la menace maternelle. Étrangement, la tante est la seule personne qui perçoit l'ambiguïté et le pouvoir des symboles ; elle seule comprend que la violence et le danger résident dans les regards haineux du garçon et dans sa manipulation du couteau. Ce récit prend en charge à la fois la perspective de la tante et celle de Boby et, de fait, la mère semble imperméable au jeu quasiment mortel qui s'élabore autour d'elle – le texte paraissant alors mimer l'étude d'une maternité déficiente.

Par la suite, la mère va également apparaître comme un facteur qui freine l'élan vers la liberté de l'adolescent. Sa conduite possessive et dominatrice est ainsi comparée au réseau asphyxiant d'une toile d'araignée, comme l'illustre un autre conte de *Façons de perdre* (1977). En effet, *Vous vous êtes allongée à tes côtés* met en lumière les relations ambiguës et très tendues existant entre un garçon à peine sorti de l'enfance et sa mère ; relations que l'intrusion d'une petite amie insignifiante tendra à compliquer davantage, en donnant par là même toute sa force et toute sa coloration à un triangle œdipien. Et dans ce triangle, la femme adulte, fascinée et confuse, joue le rôle de la *mère-araignée* ou de *l'anaconda mortel*, pour reprendre l'expression qui, dans l'enfance, désignait le jeu consistant, pour la mère et l'enfant, à se serrer dans les bras l'un de l'autre avant de s'endormir. Le jeu érotico-grammatical, que détermine le changement des pronoms personnels de la phrase (changement annoncé comme le fait d'une situation limite par les premières lignes des *Fils de la Vierge*), est ici engendré par un narrateur apparemment omniscient qui surplombe la mère et le fils comme le témoin actantiel d'une rencontre improbable :

Il se pouvait encore qu'un de ces jours la porte de la salle de bains ne soit pas fermée à clef, que vous entriez pour te surprendre nu et ensavonné, soudain confus. Ou au contraire que ce soit toi qui la regardes depuis le seuil de la porte quand vous sortirez de la douche, comme pendant tant d'années où vous vous étiez regardés et aviez joué en vous essuyant et vous habillant. Quelle était la limite, quelle était réellement la limite ? [2]

Or la limite, c'est la jeune fille qui va l'incarner. En s'immisçant entre la mère et le fils, elle tendra donc à introduire le triangle dans ce "côté-ci" du réel et à reléguer le narrateur (une figure du père absent ?) à un niveau purement syntaxique, qui est celui de l'absence et de l'incertitude, comme le dit Todorov dans son essai sur la littérature fantastique.

2. L'IMPOSSIBLE RÉCUPÉRATION DE LA PRÉSENCE FÉMININE

Avec *Octaèdre* (1974), l'auteur va singulièrement mettre l'accent sur toute une série de motifs non seulement liés, comme auparavant, à l'étrangeté « para fantastique » et aux manifestations de l'insolite, mais encore rapportés à la présence féminine et à sa condition allusive, incomplète ou, simplement, irrécupérable.

Le premier des textes qui les intègrent est donc *Liliane pleurant*. Ce conte possède toutes les caractéristiques du recueil *Octaèdre* auquel il appartient et qui paraît renfermer les obscures nuances de l'incommunicabilité et du démoniaque, tout en présentant des portes et des passages dont le mode d'existence textuelle était encore plus diffus dans les productions antérieures. De fait, à partir de ce recueil, on observe un constant passage qui va et vient d'une zone à l'autre, de l'apparence du quotidien à la profondeur véritable. Et du reste, on ne peut atteindre ce passage que dans un état limite de la conscience qui, le plus souvent, frôle la maladie ou la mort. « *Je me vois à partir des mots comme si j'étais autre* », telle est l'affirmation du narrateur autobiographique de ce conte qui retrace la maladie mortelle du personnage-narrateur, ainsi que la modification, tant au plan de l'énoncé qu'à celui de l'énonciation, en découlant [3].

A travers la modalité du journal intime, le personnage tend à créer sa mort imminente, son enterrement, la tristesse « socialisée » du groupe d'amis, pour démontrer que les pleurs de sa femme Liliane sont un signe double : ils passent d'un plan plus ou moins conventionnel où la femme se lamente de la mort de son mari, à ce plan instable de l'énonciation où les larmes seraient plutôt provoquées par le rétablissement du malade – plan qui mettra à jour la relation adultère que Liliane va vivre dans le tiraillement avec l'ami de son mari agonisant. Ainsi, le discours vacillant et visionnaire, au sens où l'entendait Poe, est bien ce qui permet de constituer une sorte de vérité qui, comme dans d'autres exemples, est destinée à modifier profondément le lecteur et, à travers lui, à transformer la nature même du discours littéraire.

Ce conte projette les mêmes mécanismes de fonctionnement technique que *Heures indues* ou *Histoires que je me raconte* :

> Je n'avais plus aucune raison de me souvenir de tout cela, et bien qu'à certaines périodes il me plaise d'écrire (...), il m'arrive parfois de me demander si ces souvenirs d'enfance méritent d'être écrits (...). (...) J'étais incapable de me percevoir écrivant sur Doro seul, de m'accepter hors de la page en train d'écrire sur Doro. [4]

> Les histoires que je me raconte sont n'importe quoi mais j'y assume presque toujours le rôle principal (...), dans des situations singulières ou bien stupides ou encore d'un dramatisme intense et scientifiquement étudié pour qu'on s'amuse, en suivant l'action, du mélodrame, du mauvais goût ou de l'humour. [5]

Aussi tous les contes de ce sous-ensemble obéissent-ils à des mécanismes similaires. Le narrateur autobiographique en vient à raconter sa propre histoire afin de montrer une vérité lointaine ou approximative qui renferme toujours l'image d'une femme fuyante. Et cette femme est contraire à la communication avec le(s) personnage(s) masculin(s), c'est pourquoi seul le discours narratif peut d'une certaine façon la prendre en charge. L'incommunicabilité, la tromperie et la frigidité sont mises en scène comme les hypothèses d'un énoncé qu'une énonciation, qui vacille, parvient à peine à pénétrer, en modifiant le contenu du monde.

En d'autres termes, la principale confession autobiographique a tendance à s'édifier comme une « métahistoire », dont la finalité est de dénoncer la fausseté de l'« histoire » officielle et de mettre en avant les moyens limités qu'elle possède pour pénétrer l'opacité des conventions et des habitudes. Ce que nous appelons *l'étrangeté* « para-fantastique » c'est de fait le niveau qu'atteint le discours lorsqu'il abandonne ou dilue la production de l'extraordinaire pour en faire le tremplin d'une recherche épistémologique.

Trois ans après, dans *Façons de perdre*, l'auteur va alors insister sur une variante moins dense du motif de la disparition ou de la récupération impossible de la présence féminine à travers *Les faces de la médaille*. L'ambiance des traducteurs et des conférences internationales, qui est chère à Cortázar, sert ici de prétexte à une nouvelle exploration de l'incommunicabilité fondamentale et sans issue du couple.

> *Nous ne pourrons jamais savoir vraiment qui de nous deux est le plus sensible à cette façon de ne pas être que chacun a pour l'autre.* [6]

Tout peut ici s'expliquer par une incompatibilité extrême que symbolisent ces faces de la médaille dont le titre fait notamment mention : les personnages, telles les deux faces d'une médaille, tendent à former une même entité, mais ils sont en fait condamnés à ne jamais se rencontrer véritablement. Xavier et Mireille sont ainsi proches et lointains et, bien qu'unis par quelque chose d'indéfinissable, ils n'en sont pas moins voués à toujours se tourner le dos. Ce récit, dans lequel l'auteur a probablement réélaboré des expériences personnelles à peine masquées par le changement fréquent du narrateur à l'intérieur de l'histoire, projette une image de la femme qui la montre comme cet être fugitif et mystérieux, inaccessible et inabordable, qu'évoque déjà l'épigraphe même du texte.

A travers le thème de l'absence de communication dans un couple qui aboutit à l'impossibilité répétée de toute union sexuelle, ce conte privilégie la thématique d'une forme de malignité liée à une sorte de maléfice. Les deux personnages y semblent avoir une dimension de victime qui ne peut être expliquée par les termes habituels de frigidité ou de pure incompatibilité ou par quelque autre cause similaire. La malignité – inconsciente – de la femme semble se rapporter à un mystère central qui est celui du rejet de l'homme et de la pleine réalisation érotique, comme nous le trouvions chez Délia Mañara dans *Circé*.

La barque ou Nouvelle visite à Venise est, au dire de l'auteur, une « réélaboration » d'un récit qui resta inédit de l'année 1954, date de sa rédaction lors d'un séjour à Venise. Le texte recourt à un procédé proche de ceux des contes de cet ensemble, à savoir, la double perspective narrative qui donne corps à une « métahistoire » émanant d'un narrateur intériorisé et venant miner la soi-disant omniscience du narrateur principal. La relation tend donc à se complexifier techniquement, parce que le texte donne la parole à un nouveau narrateur qui intercale son discours dans la narration et commente ou dément les affirmations d'une autre voix narrative. Ainsi, Dora est un personnage qui non seulement intervient dans le récit au niveau de la narration, mais aussi au plan de la « métahistoire », puisqu'elle en est l'agent. Par là même, elle vise à modifier les relations entre Valentina et Adriano, ce couple qui, depuis le début, est destiné à l'incommunicabilité et à la séparation finale. Mais la Dora de l'histoire centrale n'a pas le même pouvoir que la Dora qui commente la relation émanant du narrateur officiel. Les deux points de vue (celui du narrateur et celui de Dora) établissent ou restituent une fausse omniscience qui vise à donner une interprétation psychologique de la conduite de Valentina, et ce, bien que le discours de Dora affirme constamment le profond désaccord qui l'oppose à celui qui assume l'histoire.

Ici encore, la conduite de Valentina, laquelle est vouée à une sorte de disparition finale, paraît entourée du mystère de quelque maléfice lié à l'incommunicabilité. Son infidélité avec un gondolier occasionnel et l'arrivée d'Adrien vont sans doute aboutir à une tragédie, symboliquement illuminée par un ultime voyage en barque qui n'a rien de l'allégresse touristique, car il tient de la mort. En effet, le triangle se résorbe en quelque sorte lorsque Dino rame en compagnie de trois autres camarades vers la chapelle de l'hôpital, pour conduire un cadavre, dans lequel Valentina croit se reconnaître, à sa dernière demeure :

> *Elle sentit qu'Adriano faisait un mouvement comme pour sortir quelque chose de sa poche, les cigarettes.* [7]

La vision de Cortazar sur la femme dans ces derniers récits se rapproche de l'idée de la femme comme expression de l'irrationalité féminine moderne, éloignée aussi bien de l'activité artistique ou professionnelle que du discours de revendication féminine développé à partir des années 60 en Amérique latine. Ses femmes ressentent peut-être une frustration et un désir de vengeance sur les hommes mais ne possèdent pas la capacité de modifier leur propre destinée.

3. L'IMAGE FÉMININE A TRAVERS LA BIOGRAPHIE IMAGINAIRE ET ÉPISTOLAIRE

En 1980 apparaît un groupe de trois contes qui est en profonde relation avec le groupe antérieur, puisqu'il forme avec lui un même corpus thématique. De fait, ces trois textes développent le motif de l'absence physique et ontologique de la femme et de sa récupération impossible à travers une biographie imaginaire de type épistolier. La femme a perdu les traits de *Circé*, cet agent féminin du mal, cette figure de la sorcière qui enlève à l'homme ses forces vitales pour l'annihiler ou réduire son influence. Ici, le matériau même du récit, c'est ce processus de la récupération douteuse ou impossible au sein duquel la femme porte en elle un type de transgression, voire de violence, qui la dépersonnalise. Et cette dépersonnalisation, qui renvoie à l'univers de Bataille, s'effectue à travers une sorte de rite au cours duquel le personnage, en tant qu'être de l'éternel féminin, est une figure passive que sa condition entraîne souvent vers la mort [8]. Mais, en même temps, l'homme tâche de construire à travers elle un système idéalisé pouvant permettre de dépasser la désunion et l'absence, soit les caractéristiques inhérentes aux couples cortazariens.

Une fois encore Cortázar en vient à profondément modifier une tradition littéraire qu'il connaît bien. Les motifs liés à l'idée d'un amour plus fort que la mort – motifs ayant également à voir avec l'idée de l'amour idéal – sont revisités par l'auteur, qui se détache ainsi de ses illustres prédécesseurs : en l'occurrence, du Villiers de l'Isle Adam-de *Vera* et du Gérard de Nerval d'*Aurélia*. De fait, on trouve les traces du premier dans la tension poétique qui régit la recherche de la femme absente qu'entreprend le narrateur, alors que l'influence du second se rapporte à la constitution d'une mythologie ésotérique qui, dans l'espace cortazarien, ne se rattache pas à l'au-delà ou aux faits mystiques, mais au cinéma. Aussi, s'agit-il d'appréhender ici les grandes divinités féminines du passé, pour en faire les modèles mythiques qui peuvent appuyer l'élaboration de l'image d'une femme aimée et admirée comme une déesse lointaine et inaccessible.

Cette approche tend à se vérifier dans un conte de 1980 intitulé *Nous l'aimons tant, Glenda* qui fait partie du recueil homonyme. Dans ce texte la pratique épistolaire reste latente et elle ne perdra son caractère implicite que deux ans après, dans un récit qui fait pendant à cette première production. Tout le mécanisme du récit repose sur le fait que le destinataire textuel semble ignorer l'entreprise que s'est proposée le groupe d'amis : la modification du contenu des films de l'actrice anglaise Glenda Garson (une figure fictive de Glenda Jackson), à travers les coupures délirantes de certaines séquences afin d'améliorer la qualité artistique des films. La modalité du groupe d'amis qui, comme dans *Marelle* ou dans *62 maquettes à monter*, est en rapport avec les projets « pataphysiques » et extravagants de ces derniers, est donc omniprésente ici. La liste des sept films qui seront modifiés place le récit à un niveau parodique rappelant celui qu'instauraient les dramatiques dans *Éclairages*. De plus, elle permet de poser l'écriture du récit comme la base de l'intertextualité créée par le monde de l'image en mouvement [9]. En ce sens, la réalité de la fiction vise à explorer l'irréalité absolue de l'image, en la questionnant comme dans *Les fils de la Vierge*. Les motifs inhérents à la double vision artistique – lesquels vont s'accentuer dans le second récit – se rattachent à l'idée qui veut que rien ne soit communiqué par les voies habituelles de la poste ou du téléphone, mais par des voies profondes se trouvant en marge de l'habitude et du quotidien. Ce processus a à voir avec l'activité hermétique du groupe, lequel effectue des coupures de plus en plus extravagantes dans les copies disponibles en vue d'une illusoire perfection artistique. Et cette recherche forcenée d'une perfection impossible va ainsi conduire le groupe à se décider à tuer l'actrice, pour qu'elle ne participe plus à un art dégradé, alors qu'après une année d'absence elle annonce son retour sur les écrans :

> *Nous l'aimions tant, Glenda, que nous lui offrions une dernière perfection inviolable. A la cime intangible où nous l'avions exaltée, nous la garderions de la chute, ses fidèles pourraient continuer de l'adorer sans déclin : on ne descend pas vivant d'une croix* [(10)].

On serait tenté de trouver dans cette nouvelle de Cortázar le même motif littéraire que Pygmalion, le sculpteur qui – dans les *Métamorphoses* d'Ovide – tombe amoureux de la statue féminine qu'il est train de créer, malgré les difficultés qu'il rencontre pour faire coïncider le modèle souhaité avec la réalité prosaïque et banale.

Il est évident que dans *Nous l'aimons tant, Glenda*, Glenda Garson (Jackson), en réalité une grande actrice shakespearienne, très admirée par Cortázar, est plus proche de Miss Doolittle dans *Pygmalion* de Bernard Shaw – la version anglaise du mythe – laquelle ne peut trouver la manière d'un parler élégant, comme Glenda ne peut trouver comment faire des films de qualité et échapper à une certaine vulgarité.

Ce même motif se retrouve aussi dans la nouvelle *Eclairages* déjà analysée. En effet, Luciana est victime de la tyrannie exercée sur elle par Valcarcel, qui lui impose un modèle de beauté très éloigné de sa réalité personnelle. La jeune femme trouvera sa vengeance en le trompant avec un jeune homme – qui, lui, correspond à l'idéal que celle-ci se faisait de l'acteur radiophonique avant de le rencontrer personnellement. Dans tous les cas le « pygmalionisme » de ces personnages conduit à l'échec de l'expérience et à l'instauration de la solitude.

Les modalités parodiques et légèrement ironiques du récit vont être modifiées dans le second texte et ce, notamment, à cause du changement du statut même du destinataire, car celui-ci donne ici à voir son identité et accuse réception du conte antérieur. De fait, son titre rend compte de cette mutation, puisque le conte, qui appartient à *Heures indues* (1982), s'intitule *Bouteille à la mer*.

Le motif central est ici celui du mode épistolaire, mais il diffère de celui dont rendaient compte *Lettres de Maman* et *La santé des malades*, puisque dans ces récits il faisait vivre de façon imaginaire un mort ou un absent. En effet, le motif du retour du mort (revenant) qui leur était intrinsèque, a une tout autre forme dans ce récit ayant pour sous-titre « Epilogue à un conte » : ici le narrateur et le destinataire sont tous deux informés de leur existence réciproque et, par là même c'est bien l'intertextualité existant entre les films et le texte qui va être le principe générateur du fantastique et non pas la présence fantasmatique relative à des lettres concernant quelque fils ou quelque frère absent.

Bouteille à la mer établit tout d'abord le caractère exceptionnel des voies de contact, de transmission et de relation, du processus de la communication épistolaire. L'acte de jeter une bouteille à la mer, qui renferme un message chiffré, implique la sûreté absolue du contact. Tout a lieu sur des plans différents, parallèles, « *en un redoublement qui rend absurde tout procédé ordinaire de relation* », comme l'affirme le narrateur [11].

La nature exceptionnelle du hasard communicant est projetée par une mer où les coïncidences ont à voir avec la formation des figures :

> *Les bouteilles sont parvenues à destination, Glenda, mais la mer où elles ont dérivé n'est pas celle des navires ni des albatros.* [12]

Dès lors, la mer coïncidente et hasardeuse des figures propres aux rencontres fortuites et éclairantes de la promenade fulgurante par les rues magiques de *Nadja*, est celle à laquelle le narrateur et Glenda ont participé. Glenda y a d'ailleurs participé malgré elle et, de fait, le discours fantastique en vient à s'organiser autour d'elle, afin de l'informer et de l'assurer du fait qu'il s'agit d'« une invitation à un voyage qui ne peut s'accomplir qu'en des territoires hors de tout territoire (...) pour les lecteurs et les spectateurs qui seront les ponts ingénus de nos messages ». [13]

Ainsi, tel est le schéma de « la symétrie fantastique » d'après les dires et la perception du narrateur :

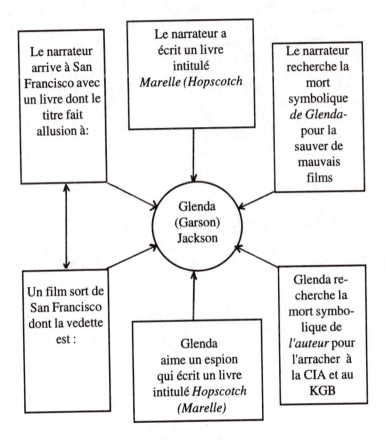

Le narrateur a écrit un livre intitulé *Marelle (Hopscotch*

Le narrateur arrive à San Francisco avec un livre dont le titre fait allusion à:

Le narrateur recherche la mort symbolique *de Glenda-* pour la sauver de mauvais films

Glenda (Garson) Jackson

Un film sort de San Francisco dont la vedette est :

Glenda aime un espion qui écrit un livre intitulé *Hopscotch (Marelle)*

Glenda recherche la mort symbolique de *l'auteur* pour l'arracher à la CIA et au KGB

Cette perfection de l'amour qui se réalise dans l'absence, dans la volatilisation de l'objet amoureux à travers le système complexe que préside ce qu'on pourrait appeler « l'épistolarité » fantastique, porte en elle « la vague horreur d'une chose également vague », avec une « symétrie incalculablement belle » : celle des territoires « affranchis » des boussoles et, du contrôle rationnel.

Le dernier conte de Cortázar, selon la critique, est une sorte de récit-testament qui s'intitule *Anabel* et appartient à

191

Heures indues. Ici les modalités épistolaires précédemment analysées par rapport à l'image féminine acquièrent la forme du journal intime au sein duquel la figure d'une femme du passé apparaît tout aussi irrécupérable que celle des femmes antérieurement envisagées. Et ce récit est d'autant plus fascinant, que, de par la forme qu'il adopte, de par sa qualité de *journal intime*, il est une œuvre d'art en train de se faire, une ébauche perpétuelle ; il montre le caractère provisoire de toute écriture. Ainsi, il se fonde sur une kyrielle de références, de citations et de « clins d'œil » littéraires se rapportant notamment à Bioy Casares, à Derrida, à Proust et à Poe. Par là même, tout indique que l'écriture est la matière même de la construction littéraire, laquelle en vient à créer une sorte de référence circulaire qui vise essentiellement à questionner la nature proprement dite de la production textuelle.

La difficulté de la constitution du texte – cette difficulté rendue légendaire – pointait déjà dans des contes antérieurs. De fait, à la première phrase des *Fils de la Vierge* : « *Personne ne saura jamais comment il faudrait raconter cette histoire* », semblent faire pendant certaines des assertions d'Anabel :

> *Absurde de prétendre raconter maintenant ce que je n'ai pas été capable de bien connaître au moment où tout se déroulait, je feins, comme dans une parodie de Proust, d'entrer dans le souvenir* [14].

> *Je n'ai qu'à relire ce journal pour me rendre compte qu'elle n'est que le catalyseur qui cherche à m'entraîner au plus profond de ces pages que je n'écris pas pour cette même raison* [15].

La difficulté de narrer est, paradoxalement, la matière de l'élaboration du conte et, c'est à travers le récit que la personne biographique de l'auteur, en tant que sujet de la narration, remplit une fonction référentielle se rapportant aux auteurs antérieurement mentionnés que celui-ci en vient à citer. La mention de Bioy Casares, par exemple, a pour but d'affirmer l'autonomie du discours littéraire et d'assumer l'énorme écart existant entre l'histoire de la prostituée Anabel des bas-fonds du Buenos Aires des années 40 et la biographie actuelle du narrateur autobiographique (biographie dont on sait aujourd'hui qu'elle entrait dans sa phase finale).

Apparemment, le narrateur-écrivain n'est donc pas en mesure d'écrire un conte qui, dès le départ, se présente comme une parodie littéraire, étant donné que l'archétype féminin qu'il évoque est cette *Annabel Lee* de Poe, dont la pureté virginale l'oppose à la prostituée argentine, appelée Anabel, qui fut violée à l'âge de treize ans par un voyageur de commerce de Trenque Lauquen. Cependant, le narrateur-traducteur crée le personnage d'Anabel à travers les lettres en anglais qu'il écrit, à la place de la jeune femme, à William, un marin américain qui adresse à celle-ci des billets provenant d'endroits lointains : dans ces lettres il est tenu de « mettre beaucoup de sentiment », de forger des messages idéalisés et romantiques.

Ce monde va être coupé à cause du poison mortel qui sera administré à l'une des prostituées rivales – poison que William a rapporté d'une escale. En effet, c'est ce poison qui en vient à rendre rédhibitoire la distance séparant le monde diurne et les bas-fonds fascinants : cette distance absolue que Hardoy, l'avocat des *Portes du ciel*, perçoit à la fin du conte. Et ce même personnage réapparaît d'ailleurs dans *Anabel*, bien des années après sa première apparition.

Ici, les systèmes relatifs au passage d'un univers parallèle à l'autre et d'un temps lointain à l'autre n'émanent pas d'une machine à écrire, d'un morceau de jazz ou d'un tableau vu dans un musée, mais de la mémoire même, car, grâce à elle, le texte est une sorte de miroir de lui-même qui s'appuie sur les dédoublements multiples de la voix narrative. Comme dans l'univers d'Edgar Allan Poe, le monde est un reflet du moi, même si celui-ci peut sembler irréel et arbitraire. A l'instar de *Ligeia* qui renfermait, de façon latente, un discours sur un impossible apprentissage, *Anabel* comprend le motif de *la mutation impossible* – motif dont on sait qu'il était déjà inscrit dans *Les portes du ciel* à travers le personnage de Célina (et de Hardoy). Le narrateur donne à ce processus le nom de *submersion*, c'est-à-dire qu'il conçoit cette expérience comme un « encanaillement en fait inutile », parce qu'elle a été vécue depuis ce côté-ci du réel, depuis ce monde commode et petit où il a une relation stable avec sa fiancée officielle. Aussi, puisque le réel a deux faces, tout comme la mémoire, le narrateur ne cesse-t-il pas d'évoquer cette autre face de la réalité :

> *Je n'appellerai pas ça intimité, il aurait fallu pour ce faire que je sois capable d'offrir à Anabel ce qu'elle me donnait si naturellement, que je lui permette de monter chez moi, par exemple, que je crée une parité acceptable, même si je continuais à avoir avec elle une relation tarifaire de client régulier à femme de mauvaise vie. A l'époque je ne me disais pas comme je le fais à présent qu'Anabel ne me reprochait jamais de la laisser parfaitement en marge...*[16]

Mais on peut se demander qui en vient à subir la mutation : ne serait-ce pas Anabel et William qui connaîtraient ainsi la mutation impossible de la Célina des *Portes du ciel* ? Ou cette mutation ne toucherait-elle pas plutôt ce narrateur qui a créé une nouvelle forme d'« épistolarité fantastique » aboutissant au mystère policier et à l'excès mélodramatique, mais ne pouvant pas véhiculer réellement la vie d'Anabel ? De là, peut-être, l'insistante citation de Derrida qui ouvre et clôt ce récit en forme de non-récit de l'incommunicabilité apparente et définitive :

> *Ne (me) reste presque rien : ni la chose, ni son existence, ni la mienne, ni le pur objet ni le pur sujet, aucun intérêt de rien qui soit à rien qui soit...* [17]

Ce qui reste extraordinaire dans ce texte nihiliste qui prétend nier son objet, c'est qu'il exhibe toutes les gammes des références littéraires de l'auteur, ainsi que toute l'ampleur spéculaire de la narration cortazarienne. En effet, il faut noter que la disposition de l'anecdote conduit le lecteur vers un récit policier (que *Anabel* n'est pas). C'est dire que ce conte est un texte qui s'appuie sur la présence de lecteurs multiples – William lit Anabel-Cortázar ; le narrateur-traducteur lit la condamnation d'une prostituée ; le narrateur-écrivain lit Derrida, lecteurs qui ignorent la signification et le rôle que l'autre peut avoir. Par là même, le lecteur virtuel, soit chacun d'entre nous, est amené à remplir les fonctions traditionnelles concernant l'élucidation du mystère et l'apprentissage de l'histoire à travers la lecture.

L'idée finale de ce magnifique journal intime, tout aussi riche et incomplet que la vie, est celle de *la contamination par la lecture* et de la contamination des personnages par l'écriture multiple qui dit leur existence. Aussi le texte passe-t-il d'un niveau à l'autre de ces écritures multiples et de ces voix pouvant potentiellement assumer l'histoire :

> *Il y a ce cahier plein de fragments épars, cette envie de les compléter, de remplir les vides et raconter d'autres choses sur Anabel, mais je parviens tout juste à me dire que j'aimerais beaucoup écrire cette nouvelle sur Anabel et ça finit par être une page (de plus dans le cahier) (...) je n'y arriverai pas, parce qu'en fait je ne me sens pas capable d'écrire sur Anabel, inutile de rassembler des fragments qui, en fin de compte, n'appartiennent pas à Anabel mais à moi, presque comme si Anabel voulait écrire une nouvelle et se souvenait de moi.* [18]

La tonalité du récit tient de l'allégorie déguisée et la contamination qui en est le produit et ressemble à celle que connaissent William et Anabel qui, on le sait, en viennent à être modifiés par l'écriture et la traduction dans leur monde allégorique de tango, de mélodrame et de vengeance – ce monde dont le narrateur a le regret nostalgique de n'avoir pas pu le pénétrer.

Anabel est en somme un anti récit policier, une chronique d'une écriture, une ébauche limite qui se défait comme tout discours fantastique, selon Sartre, un journal intime narrant la difficulté de conter et, enfin, un hommage extraordinaire rendu à la femme à jamais absente :

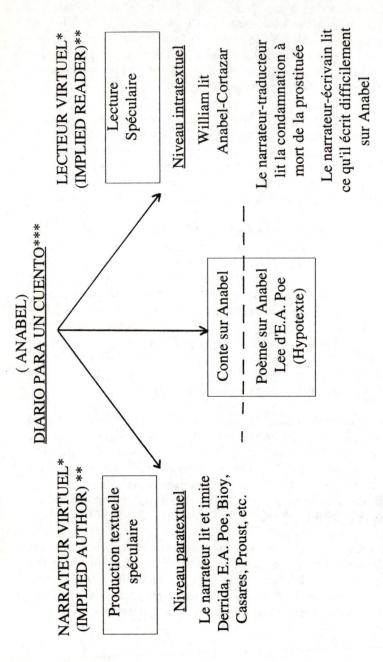

(ANABEL)
DIARIO PARA UN CUENTO***

NARRATEUR VIRTUEL*
(IMPLIED AUTHOR) **

LECTEUR VIRTUEL*
(IMPLIED READER)**

Production textuelle
spéculaire

Lecture
Spéculaire

Niveau paratextuel

Le narrateur lit et imite
Derrida, E.A. Poe, Bioy,
Casares, Proust, etc.

Conte sur Anabel

Poème sur Anabel
Lee d'E.A. Poe
(Hypotexte)

Niveau intratextuel

William lit
Anabel-Cortazar

Le narrateur-traducteur
lit la condamnation à
mort de la prostituée

Le narrateur-écrivain lit
ce qu'il écrit difficilement
sur Anabel

* Voir : Genette : *Nouveau discours du récit*, Ed. du Seuil, 1983, pp. 94-109.
** Voir : Booth, Wayne : *The Retoric of Fiction*, The University of Chicago Press, 1983.
*** Titre original en espagnol.

196

NOTES

* *Jeu d'espions*. Film de Robert Neame avec Glenda Jackson et Walter Mathau (1980).

1. Il existe des cas intéressants tels que *Réunion avec un cercle rouge* et *Nous l'aimons tant, Glenda*, où l'image de la femme est rattachée à des thèmes qui participent d'une typologie descriptive du caractère féminin.

2. Cortázar, *Façons de perdre, op. cit.*, p. 56.

3. Cortázar, *Octaèdre, op. cit.*, p. 8. La critique n'a pas commenté ce texte mineur avec beaucoup de bonheur. D'une façon générale elle a surtout interrogé le plan de l'imaginaire, afin de savoir si le rêve tendait à se transformer en phénomène réel ou si, au contraire, la réalité même était projetée à l'intérieur du rêve. Dans le meilleur des cas on nous offre trois lectures possibles, qui n'en restent pas moins très incomplètes. Cf. Picón Garfield, « *Octaedro*, ocho caras del desespero » p. 304-305 ; et Coulson, in *Julio Cortázar, el escritor y la crítica*, p. 344. V. Picón in : *La Isla final. Op. cit.*, p. 43, Cortázar, *Heures indues, op. cit.*

4. Cortázar, *Heures indues, op. cit.*, p. 91-92, 135-136

5. Cortázar, *Nous l'aimons tant, Glenda, op. cit.*, p. 150-151.

6. Cortázar, *Façons de perdre, op. cit.*, p. 141-142.

7. *Ibid.*, p. 125.

8. Voir M. Safir, « Para un erotismo de la liberación : notas sobre el comportamiento transgresivo en *Rayuela y El libro de Manuel* ». *La Isla final, op. cit.*, p. 233.

9. Il s'agit des films : *Feu de la neige, Du bon usage de l'élégance, L'incertain retour, Fouet, On ne sait jamais pourquoi, Le prisme*. La grande ironie que contient l'oxymore du premier titre ne doit pas faire écran, cependant, au système spéculaire émanant de l'ensemble des titres,

comme le suggèrent des intitulés tels que *Les délirants* et *Le prisme*.

10. Cortázar, *Nous l'aimons tant, Glenda*, *op. cit.*, p. 27-28.

11. Cortázar, *Heures indues*, *op. cit.*, p. 162.

12. *Ibid.*, p. 165.

13. *Ibid.*, p. 166.

14. *Ibid.*, p. 167.

15. *Ibid.*, p. 136.

16. *Ibid.*, p. 139.

17. *Ibid.*, p. 142.

18. *Ibid.*, p. 158.

CHAPITRE VI

VERS UNE NOUVELLE
ÉLABORATION DES MOTIFS
TRADITIONNELS
DE LA LITTÉRATURE FANTASTIQUE

1. LES MOTIFS TRADITIONNELS :
LA RÉVOLTE DES OBJETS
ET DES PARTIES DU CORPS

Comme l'ont annoncé les exemples précédemment analysés, Cortázar poursuivra son examen des ambiguïtés propres à la conception rationaliste du monde, à travers le genre fantastique : genre littéraire dont il exploitera toutes les modalités, en reprenant à son compte les thèmes traditionnels qui, grâce à Maupassant, à Gogol, ou à Sheridan, ont constitué la matière et la praxis du conte fantastique. De la même façon, la structure de ce conte, exploré d'une manière inégalable, sera l'occasion d'une analyse de l'angoisse existentielle, de l'absurde et de l'identité, sous leurs formes contemporaines.

Aussi, s'agit-il ici d'envisager l'un des modes les plus récurrents du système fantastique, soit celui de la révolte des objets contre leurs propriétaires, ou encore, de l'autonomie de certaines parties du corps, qui en se dissociant de la personne dont elles dépendent, ne font que confirmer la présence symbolique d'un « être divisé ». De fait, il faut rappeler que Freud lui-même rapproche les rêves relatifs à la fragmentation des organes du complexe de castration, alors que, par ailleurs, l'une des caractéristiques de la schizophrénie est la manifestation d'une personnalité divisée, à travers la fragmentation ou séparation des parties du corps.

De même, on sait que l'étrangeté des objets est l'un des thèmes que l'existentialisme, à l'instar des littératures d'avant-garde, a pris en charge, en posant que l'existence précède l'essence, et par là même, selon la conception sartrienne, que les objets peuvent être perçus par celui qui les pense et qui les tient dans le creux de sa main comme « l'altérité » même, voire comme le moyen de percevoir comparativement la nature de sa propre existence [1].

Ainsi, il est intéressant d'observer que le premier des récits qui vont nous occuper – lesquels, d'une façon générale, correspondent à une production que notre auteur a publiée tardivement – fait coexister sur un mode laconique le thème de la rébellion des objets et celui de l'indépendance aliénatrice de la main, combinaison qui entraînera la mort du personnage.

Cortázar avait commencé l'exploration des motifs fantastiques liés à l'intrusion de la main en 1937 dans un petit récit sans grande importance intitulé *Les mains qui grandissent*. Mais ce n'est qu'après la publication de *Marelle* qu'il reprendra le même motif avec un rare talent. Ce texte magnifique qui s'intitule *N'accuser personne* est paru en 1964, dans la seconde édition de *Final del juego*, recueil traduit partiellement sous le titre *Gîtes*. L'histoire ici contée est banale dans ses prémices : un homme, au vu de la température qui règne sur le Buenos Aires automnal, décide de mettre un pull-over bleu marine, avant d'aller rejoindre sa femme qui l'attend dans un magasin de la capitale pour choisir un cadeau de mariage. Cependant, le vêtement en viendra peu à peu à se transformer en véritable prison, d'où l'on ne peut sortir qu'à grand-peine, où l'on fait l'expérience de l'asphyxie et de la perte de la perception spatiale :

> *La laine bleue lui serre avec force le nez et la bouche, le suffoque incroyablement et l'oblige à respirer profondément ce qui mouille la laine devant sa bouche, elle va sans doute déteindre et il aura le visage taché de bleu. Heureusement, juste à cet instant, sa main droite débouche au-dehors, à l'air froid du dehors, en voilà toujours une tirée d'affaire* [2].

Dès lors, à l'intérieur de l'objet menaçant va apparaître une main méconnaissable, qui n'est autre que celle du personnage du conte, laquelle manifeste son étrangeté à travers la configuration que lui confère le pull-over. En effet, de par la confusion créée par le rôle quasiment surnaturel que tient ce pull-over, à la lumière du soir, la main tendra à s'apparenter à une main démoniaque possédant des attributs effrayants et repoussants, comme le constate avec terreur notre protagoniste :

> *Il a du mal à faire passer le bras, la main avance peu à peu et réussit à sortir un doigt hors du poignet de laine bleue, mais à la lumière du soir le doigt semble tout ridé et crochu avec un ongle noir et recourbé.* [3]

La prémonition d'une agression dont serait responsable cette main possédée par le diable, et qui ne dépend déjà plus du corps auquel elle appartient originellement, se vérifiera à la fin du récit, lorsque la lutte contre l'objet rebelle paraît gagnée, puisque l'homme sent de nouveau sur son visage l'air frais du soir, mais que la main autonome et ennemie réapparaît :

> *Et il est beau d'être ainsi, d'ouvrir peu à peu les yeux, libérés de la bave bleue de la laine, il entrouvre les yeux et il voit les cinq ongles noirs pointés contre ses yeux, vibrant dans l'air avant de lui sauter au visage (...)* [4].

Les antécédents thématiques d'une telle histoire sont nombreux. On peut notamment les trouver dans *La main enchantée* de Nerval, dans un excellent récit que Sheridan le Fanu – l'un des auteurs de prédilection de Cortázar – a intitulé *The house by the churchyard*, et dans un texte contemporain tel que *The beast with five fingers* de William Harvey [5]. Dans la sphère cinématographique, par exemple, ce thème a également été développé, avec plus ou moins de réussite, quoiqu'un film comme *The night of the hunter* (*La nuit du chasseur*), dont le rôle principal est interprété par Robert Mitchum, mette merveilleusement en scène la thématique de l'indépendance de la main en la rattachant à l'épisode biblique concernant Caïn et Abel. Cependant, l'œuvre qui a probablement le plus intéressé Cortázar, c'est bien le déjà classique *La main*, ce court récit de Maupassant où l'autonomie d'une main est liée au maléfice, et à la folie, ce motif si prégnant dans l'univers de l'auteur français. La séparation et la conduite indépendante des organes ont d'ailleurs été maintes fois mises en lumière par Maupassant, comme en témoigne le récit *Un fou ?*, dans lequel des yeux doués d'une vie propre semblent rejeter la domination de l'être à qui ils appartiennent en agissant pour leur compte, et en produisant un magnétisme qui dénonce l'idée d'une folie visionnaire. Chez Maupassant la thématique reste ainsi au niveau de l'exploration de l'altérité inquiétante : dans *La main*, le personnage principal n'est pas cet homme banal qui met un pull-over pour se protéger du froid, au cœur d'un contexte des plus quotidiens, mais un Anglais mystérieux, véritable incarnation exotique du mal. Cet Anglais, qui s'est installé en Corse, possède une main à moitié desséchée, qu'il a suspendue au mur de son salon. C'est cette même main qui se vengera de son propriétaire criminel, et se libérera, profitant d'un instant d'inattention, pour aller tuer ce dernier. Le surnaturel paraît donc lié dans Maupassant à ce qui tient du répugnant et de l'horrible, étant donné que la description naturaliste de la main est d'une grande violence, et qu'elle vise à inspirer de la peur, c'est-à-dire encore qu'elle tend à remplir l'une des fonctions fondamentales du fantastique traditionnel.

Peu après, Cortázar devait publier dans *Le tour du jour en quatre-vingts mondes* (1967) un récit qu'il avait élaboré bien des années auparavant, en 1943, dont le titre *Séjour de la main* suggère assez qu'il s'inscrit dans l'ensemble textuel que nous examinons. Dans ce texte la main autonome a pour nom « Dg » (nom qui n'est pas sans évoquer les dénominations telles que « DKW », « DS » et « ID », qui sont tout autant les marques des automobiles de *L'autoroute du sud* que leurs identités nominales). Et, bien qu'au départ il existe une relation harmonieuse entre la main séparée et le personnage du conte, cette entente sera bientôt compromise de par l'excessive tendance au rationalisme du narrateur, de par sa propension à ne considérer les choses qu'à la lumière de la réalité monotone et normale de « ce côté-ci ». La révolte de la main se révélera totale et terrible, car le dénouement met en avant la menace de l'amputation de la narrateur par cette main indépendante, puis se clôt sur le départ de l'organe.

Dans ce récit, dont la fin reste si ambiguë, Cortázar introduit les références littéraires qui sont à la base même du texte, et qui pourraient annoncer l'idée d'amputation : soit l'*Étude de mains* de Gautier et *Le gant de crin* de Reverdy [6]. Ces textes sont d'ailleurs constamment « lus » par la main libre qui en marque des pages avec des laines de couleur. Ainsi, c'est surtout dans le poème de Gautier que pointe le problème de l'ambivalence de la main et de l'opposition main gauche/main droite, à travers l'évocation de « Impéria » – courtisane de la Renaissance, dont la paume est le miroir de la beauté idéale –, et de « Lacenaire », cet assassin à qui l'on coupa une main que Théophile Gautier put contempler chez Maxime Du Camp. Il est clair que ce récit, que Cortázar présente comme un jeu sans grande importance en le jugeant « prétentieux, ingénu, d'un esthétisme décadent » [7], fait également allusion à l'époque incertaine où notre auteur se renferma sur lui-même durant son « exil » volontaire dans des petits villages de la province de Buenos Aires. Aussi, le narrateur en vient-il à dire : « Les événements extérieurs qui alors me blessaient et me marquaient commencèrent à ne plus m'atteindre que de biais et leurs coups de fouet à faiblir » [8], conférant ainsi une densité inattendue au thème de la perméabilité ontologique entre le personnage et la main rebelle, quoique encore fraternelle à ce moment de la narration.

La caresse la plus profonde, à l'exemple du texte précédente fait partie du recueil intitulé *Le tour du jour en quatre-vingts mondes*. Il emprunte à la tradition fantastique le motif de l'enterré vivant, que l'on peut trouver dans les contes de Poe, et dans les allégories kafkaïennes proches de *La métamorphose*. Ici, le personnage principal est victime d'un enfoncement progressif, qu'il est le seul à percevoir, puisque ni sa famille, ni sa fiancée ne s'aperçoivent de cet enfoncement, qui pourrait tenir de l'hallucination névrotique mettant en cause la stabilité et la consistance du moi face au monde. Une telle problématique se donne à voir dans *L'homme qui rétrécit* (*The incredible shrinking man*), film de Jack Arnold qui, en 1957, a pris en charge d'une façon plutôt anecdotique l'un des sujets types du fantastique. En fait, la révolte des objets et la perte de la proportion « normale » entre l'homme et les choses produit, comme nous le montre Cortázar, un état de doute, d'incertitude croissante, qui vient miner les notions de stabilité, d'équilibre, et de consistance du monde et de ses objets, pour instaurer une confusion entre la vie et la mort, entre le possible et l'inexprimable, entre l'identité et l'aliénation.

Ainsi donc, dans *La caresse la plus profonde*, tout se noue autour de la perte de l'idée de stabilité, ce dont rend compte l'enfoncement graduel qu'expérimente ce personnage, qui se heurte à la rigidité des choses, mais pâtit à la fois de la mollesse et de la porosité du sol. Et, parce qu'il fait des cauchemars concernant l'enlisement, parce qu'il rêve à un système de chaises et de lits communicants qui lui permettrait de se déplacer sans toucher le sol, on peut penser que de tels faits viennent confirmer l'hypothèse de l'origine hallucinatoire dudit enfoncement. Du reste, c'est encore à travers des images suscitées par la rêverie que le personnage échappera à l'instabilité et à la perméabilité du sol, en s'imaginant perpétuellement couché dans un lit protecteur.

Enfin, le dernier texte qui fait référence au motif central de la main rebelle ou indépendante a pour titre *Cou de petit chat noir*, et appartient au volume intitulé *Octaèdre* (1974). Dans ce texte narratif que nous avons déjà mentionné, Dina, une jeune mulâtresse, joue, sans pouvoir se contrôler, avec les mains des personnes qu'elle côtoie dans le métro parisien. C'est ainsi qu'elle rencontre Lucho, et qu'elle l'emmène chez elle. Le récit atteint alors son point culminant à travers une scène passionnelle où l'acte sexuel se résout en agression, les mains incontrôlées de Dina finissant par s'en prendre à Lucho, qui échappe finalement à leurs violentes attaques en parvenant à s'enfuir de l'appartement et à gagner le palier. Grâce à Evelyne Picon Garfield, on sait qu'un tel récit illustre, à l'instar de ceux précédemment cités, une obsession cortazarienne qui trouve son origine dans l'autobiographie même de l'auteur. En effet, dans son enfance, les mains ont exercé sur Cortázar une sorte de fascination répulsive proprement névrotique, que des films projetés dans les petits cinémas de quartier – tels que *Les mains d'Orlac (Mad love)*,

(1935), dont le rôle principal est tenu par Peter Lorre – ont contribué à exacerber [(9)].

On pourrait en dernier lieu inclure dans une même catégorie textuelle *L'autoroute du sud*, car, s'il est vrai que ce récit, qui reste l'une des plus célèbres productions de Cortázar, n'offre pas un traitement classique du motif dont il est question, il en présente, néanmoins, une variante très originale : celle de la communauté des hommes et des machines. A l'occasion d'un immense embouteillage dans l'autoroute qui relie Paris à Marseille, les êtres en viennent à acquérir, comme on l'a vu, le nom technique des marques de voitures. De cette façon l'incommunicabilité et l'absurde émanant de cet embouteillage, qui projette un monde technologique et déshumanisé, contaminent alors le système de relations des personnages mêmes. De plus, la perte de la vitesse, l'immobilité à laquelle sont réduits les automobiles et leurs passagers, vont produire une altération de la perception temporelle, de sorte que les mois et les années se succéderont métaphoriquement au cours du récit. Le rétablissement de la « normalité » du trafic routier signifie, pour les personnages, le passage à un type d'aliénation encore plus grave qui les attend dans le lointain des lumières de la ville :

> *Et sur l'antenne de sa radio flottait mollement le petit drapeau à croix rouge et l'on roulait à quatre-vingts à l'heure vers les lumières qui se rapprochaient peu à peu, sans que l'on sache bien pourquoi tant de hâte, pourquoi cette course dans la nuit entre autos qui ne se connaissaient pas, où personne ne savait rien des autres, où tout le monde regardait fixement de l'avant, exclusivement de l'avant.* [(10)]

La révolte des objets est, dans la littérature traditionnelle, liée aux histoires de type apologétique ou légendaire comme ce fut le cas des motifs liés à l'animation de la statue chez Mérimée ou chez Gautier.

Dans ce récit de Cortazar, l'embouteillage sur l'autoroute produira un rapprochement éphémère entre les hommes grâce à la « révolte » des objets créés par la civilisation technologique.

2. LES MOTIFS DU « REVENANT » OU DU RETOUR DU MORT

Repris par la littérature fantastique, le motif traditionnel du « revenant » est utilisé depuis la nuit des temps. En effet, à travers d'infinies variantes incluant celle du retour des défunts, il se trouve être lié à des récits folkloriques. De plus, la présence subreptice du « revenant » est étroitement associée aux croyances propres à l'espace rural. Durant les premiers siècles de l'ère chrétienne, il lui était même attribué un pouvoir influençant la fertilité de la terre et la fécondité du bétail [11]. Dans de nombreux cas, le « revenant » n'était point un mort oublié, disparu depuis longtemps dans le passé, mais un accompagnateur des vivants. Si ces derniers avaient une mauvaise conduite, il les punissait en se vengeant, avant de revenir à son monde des ténèbres.

Au IVème siècle de notre ère, le *Oniricriticon* de Artémidore de Daldis proposait déjà une distinction significative explicitant l'apparition fantasmagorique du « revenant ». Cet ouvrage souligne l'aptitude de ce motif à renvoyer à la fois au rêve qui suppose une réalité immédiate, et au *songe* qui implique ou englobe le futur. Nous dirions de nos jours qu'il comporte, en fait, une fonction prémonitoire. Son pouvoir onirique nous est donc, depuis longtemps, révélé.

La littérature fantastique traditionnelle s'est beaucoup référée à toutes les variantes liées au motif du « revenant » et il serait fastidieux de les citer dans leur totalité. Dans cette partie de notre étude, nous n'inclurons que celles auxquelles s'intéressa notre auteur, Julio Cortázar, soit à travers ses propres lectures, soit à travers son activité de traducteur. Il en est ainsi de *The fall of the house of Usher* de E.A. Poe, que nous avons déjà mentionné et qui contient l'une des variantes les plus significatives : en effet, le décès puis l'enterrement de Lady Madeline sont suivis au moment final, lors de la destruction de la maison, de son retour de l'autre monde afin de se venger de son frère Roderick Usher. De même, C. Dickens, l'un des écrivains favoris de Cortázar, offre une variante plus moderne et emplie de mystère dans *The signalman*. Un fantôme y apparaît à plusieurs reprises, se tenant à l'entrée d'un tunnel et annonçant le déclenchement de différentes catastrophes. Sa troisième manifestation amène à la connaissance d'éléments clés permettant de reconstituer un accident, ses gestes confirmant sa fonction prémonitoire.

Dans les années 50, Cortázar commença à utiliser de façon très originale le motif fantastique du « revenant ». Il ne faut point oublier qu'il s'agit de l'époque où il se trouvait être plongé dans la traduction en espagnol des livres de E.A. Poe. Sans doute, des ouvrages comme *L'enterrement prématuré* et *Eléonora* de l'auteur américain, présentant tous deux des variantes aux motifs du « revenant », ont-ils exercé quelque influence sur l'écrivain argentin. [12]

Justement, le premier récit de Cortázar, *Lettres de maman*, qui inclut et fait d'un tel motif l'élément central de production du fantastique, fut publié à la fin de cette décade dans le volume *Les armes secrètes*. L'argument de ce conte, que nous avons déjà eu l'occasion de rappeler dans notre étude mais dans un contexte différent, est relativement simple ; pourtant, son traitement est fascinant. En fait, l'explication rationnelle du mystère fantastique provient de l'importance accordée à la sénilité supposée du personnage de la mère. Celle-ci écrit des lettres anodines à son fils Louis demeurant à Paris. Subitement, elle glisse dans sa correspondance le prénom « Nico », celui du frère décédé du protagoniste, comme s'il était encore en vie. En effet :

> *Cela faisait plus de deux ans que Nico était mort. Sa soudaine apparition au beau milieu de la lettre d'aujourd'hui était presque un scandale.* [13]

Or, Louis et sa compagne Laure, les personnages principaux, partirent vivre dans la capitale française après la mort de Nico. Ils désiraient commencer une nouvelle existence loin des souvenirs et des remords qui pouvaient les hanter. En fait, leur liaison amoureuse avait commencé sur le propre lit d'agonie de Nico qui était alors le fiancé de Laure. Ainsi, un certain complexe de culpabilité les poursuit.

Le récit pourrait se maintenir dans les limites du réalisme en attribuant à la mère une aggravation de sa démence sénile lorsqu'elle annonce la volonté de Nico de se rendre à Paris. Pourtant, cette nouvelle produit une détérioration de la relation du couple, installant en son sein l'hypothétique et invisible triangle créé par la mère. Surgissent alors toutes les limites de la vie médiocre menée par Laure et Louis ; en fait, ils tentaient de cacher, par la trivialité et la monotonie de leur existence, la trahison accomplie au chevet du frère mourant.

Ce conte remarquable inclut ce que la critique spécialisée nomme le *songe théorématique*. Ce dernier se réfère à l'installation du « revenant » à l'intérieur même de l'esprit d'un personnage supposé coupable, pour mieux annoncer sa future présence vengeresse. Ce qui se produit ou bien ce qui va arriver dans le récit correspond à ce qui était prévu et signalé comme présage [14]. Ainsi, la raison du cauchemar répétitif de Laure est bien l'augure du retour de l'ancien fiancé décédé :

> *Quelque chose d'horrible qui tombait sur elle du haut de son rêve... Mais Louis savait... qu'elle venait d'affronter celui qui entrait dans son rêve (caché sous quel horrible masque ?) et dont les genoux devaient l'étreindre dans un vertige d'effroi, d'amour inutile.* [15]

Le sentiment de culpabilité se manifeste dans un système symbolique qui finit par s'identifier à ce « revenant ». L'écriture épistolaire y joue le rôle de pont entre les deux rives, entre les deux côtés du monde cortazarien. Le discours en apparence insensé confirme finalement le voyage de Nico à Paris, transformant le texte de Cortázar en une illustration pathétique du thème du « revenant » ou fantôme. Celui-ci doit arriver, selon la lettre de la mère, un vendredi à la gare Saint-Lazare. Louis et Laure vont le chercher séparément, sans se révéler l'un à l'autre le secret de leur démarche. Cependant, tous deux donnent corps, de façon hallucinante, à une véritable apparition psychotique, représentant un être mort depuis deux ans de l'autre côté de la planète. En fait, à travers l'écriture de la mère, le « revenant » a pour rôle de persécuter et châtier le couple vivant dans le péché.

Ressemblant du point de vue structural à *Lettres de maman*, le conte *La santé des malades* fut intégré quelques années plus tard au recueil *Tous les feux le feu*. C'est également l'échange épistolaire qui est, dans ce récit, l'agent de production du fantastique. Depuis Recife, au Brésil, un ingénieur envoie des lettres à sa mère et à ses proches. Ce jeune homme meurt dans un accident de voiture qui a lieu à Montevideo. A la suite de ce drame, un membre de sa famille se charge d'adresser régulièrement des missives à sa mère gravement malade afin que celle-ci n'apprenne pas la funeste nouvelle. En effet, l'annonce de cet événement tragique pourrait la tuer, selon les déclarations de son médecin traitant.

Ainsi, la fiction de la correspondance permet de fonder la présence du défunt en lui donnant le statut de « revenant ». La famille prend vite l'habitude de recevoir des lettres qui racontent la vie du mort, Alexandre, dans le lointain Brésil. Elle assume, de cette façon, une relation délirante et fausse afin de jouer une comédie remplie de piété face à une mère fragile. Il en résulte une perte progressive du sens de la réalité. De la même manière, dans le conte précédent, Louis et Lauré sont peu à peu absorbés par l'affabulation fantastique de la correspondance ; le monde imaginaire de celle-ci les aspire littéralement en dehors du réel, jusqu'à ce qu'ils ne puissent plus savoir s'ils jouent à la fiction protectrice ou au mensonge secourable. Dans *La santé des malades*, la maladie se transforme en un fait généralisé ; elle se propage car l'univers psychotique évoqué n'est pas seulement celui de la mère mais aussi celui de tous ses proches qui désirent la protéger.

Le dénouement est une fois de plus « illuminant », les dernières phrases du conte dissimulant un changement radical du cours des événements qui entraîne à son tour une modification de son contenu même.

> *Trois jours après l'enterrement arriva la dernière lettre d'Alexandre où il demandait comme toujours des nouvelles de maman et de tante Clélia. Rose qui l'avait ouverte se mit à la lire machinalement et quand elle releva la tête parce que les larmes l'aveuglaient, elle s'aperçut que, tout en lisant la lettre, elle n'avait cessé de se demander comment ils feraient pour apprendre à Alexandre la mort de maman.* [16]

En effet, le fils mort qui est transformé en un véritable « revenant » s'impose de plus en plus comme entité existante. Il s'y affirme de telle sorte qu'il devient nécessaire de l'informer du propre décès de sa mère.

Datant de 1977 et publié dans le recueil *Façons de perdre, Quelqu'un qui passe par là* reprend et réélabore dans un contexte fondamentalement distinct le motif du « revenant ». En effet, considéré par Cortázar lui-même comme le conte le plus fantastique du volume, il fut écrit immédiatement après une polémique qu'il entretint face à de jeunes Cubains à propos de l'inutilité et du refus de l'engagement propres, selon ces derniers, au genre fantastique [17].

Le motif du « revenant » y apparaît au centre du récit et il est présenté dans ses acceptions métaphorique et littérale. En effet, provenant probablement de Miami, le personnage nommé Jiménez débarque illégalement à Cuba afin d'y effectuer des sabotages contre-révolutionnaires dans la région de Santiago. Ainsi, l'activité nocturne du « revenant » obéit obligatoirement à des besoins précis de clandestinité. Attendant des instructions, il passe la nuit dans un motel proche du lieu des futurs attentats. Il y rencontre une pianiste jouant des mélodies populaires et anciennes ainsi que des études de Chopin. Il y trouve également un étranger accoudé au bar ; et celui-ci l'exécutera, frustrant de cette manière ses violents projets.

En fait, ce dernier personnage assume dans le récit le véritable rôle de « revenant » en se transformant en l'incarnation du vengeur. Comme nous l'avons vu, dans la littérature fantastique traditionnelle, cette fonction est propre aux morts arrivant de l'autre monde sous une apparence physique. Cependant, à l'opposé de ces fantômes, le protagoniste de *Quelqu'un qui passe par là* a une fonction active et positive : par le meurtre du comploteur, il est investi de la mission d'empêcher la destruction de l'usine située dans la périphérie de la ville.

La valeur démonstrative du conte, si elle existe, nous semble être voilée par l'intensité de l'exploitation des motifs fantastiques opérée par Cortázar. Il y utilise une autre caractéristique associée au « revenant » traditionnel : la capacité, osons dire « fantasmagorique », de traverser murs ou portes fermées à double tour [18].

Cette aptitude étant attribuée à l'étranger, celui-ci surgit dans la chambre de Jiménez comme étant l'obscurité de l'obscurité même :

> *Il fut réveillé par quelque chose de plus sombre que l'obscurité de la chambre, plus sombre et lourd, vaguement présent au pied du lit. Il venait de rêver de Phyllis et du festival de musique pop, de lumières et de sons si intenses qu'ouvrir les yeux fut comme tomber dans un pur espace sans barrières, un puits empli de néant, et en même temps son plexus lui disait que ce n'était pas comme ça, qu'une partie de ce rien était différente, avait une autre consistance, une autre obscurité.* [19]

Aucune explication rationnelle sur cette aptitude ne nous est donnée. En fait, à travers cette forme décrite plus haut et en l'opposant à Jiménez, Cortázar transforme l'étranger en une sorte de « revenant ». Il laisse Jiménez, devenu un faux revenant, à un niveau liminaire du processus d'apparition et, volontairement, il confère à l'étranger le don d'ubiquité et de pénétration. Celui-ci peut être interprété comme une représentation de la conscience révolutionnaire : en fait, il serait la configuration d'une conscience visionnaire dans le sens le plus pur et le plus traditionnel du terme. Semblable organisation peut apparaître à travers le mode de fonctionnement schématisé comme suit :

	Vit à l'étranger et revient pour poser des bombes	Contre-révolution-naire	Incarnation nocturne du « mal »	Reste seul d'un côté du réel	Quelqu'un qui rôde pour détruire (revenant[1])
menez					
'étranger	A vécu à l'étranger et a pu revenir pour écouter sa musique	Musicien favorable à la révolution	Incarnation nocturne du « bien »	Possède le don d'ubiquité	Quelqu'un qui rôde doté de conscience révolution-naire et visionnaire (revenant[2])

Datant de 1980, *Tango de retour* constitue la dernière incursion de l'auteur dans les motifs du « revenant » et présente sa propre variante symbolique du retour du mort. Inclus dans *Nous l'aimons tant, Glenda*, ce conte intègre une irruption beaucoup plus tragique et désolante que celle annoncée ironiquement par le titre. Le récit se réfère à un couple défait, comme le font de nombreux textes de la production littéraire de l'écrivain argentin. Un narrateur marginal nous y plonge in *mediasres* ; interrompant sans cesse le discours, les premières péripéties de l'histoire rapportée peuvent sembler confuses.

En effet, la relation conjugale se brise après l'arrivée au lieu d'expatriation, Mexico, la femme décidant de fuir et de se rendre de nouveau dans son pays d'origine. Pour se venger de son abandon, le mari, Emilio Diaz, revient à son tour à Buenos Aires. Or, après l'avoir délaissé, celle qui fut son épouse a changé complètement de vie grâce à une truculente

215

duperie juridique, digne des vers du tango que le narrateur reconstitue. En fait, Mathilde s'est déclarée veuve pour pouvoir célébrer de nouvelles noces avec un riche homme d'affaires et avoir un enfant. Ainsi, considéré comme décédé, le premier mari devient un « revenant », dans le sens large du terme. Etablissant une liaison avec les cas antérieurs, Cortázar confère à Emilio Díaz des attributions semblables à celles d'un mort réapparaissant après un passage dans l'autre monde : le mystère ainsi que la fonction de prédiction d'un destin funeste.

> Il n'avait rien d'un fantôme mais il parlait peu et avec peu de sens ; il avait des chaussures à semelles de crêpe et portait un blouson en toile noire... ce n'était pas un fantôme mais on le sentait loin, la solitude l'entourait comme un autre silence. [20]

De plus, en employant le terme « retour », le motif du « revenant » apparaît dès le titre même du conte et devient évident.

Le dénouement de *Tango de retour* pourrait être rattaché à la veine mélodramatique. En effet, il nous montre les deux protagonistes formant l'ancien couple initial mourant sur les marches d'un escalier : le « revenant » poignardé à la poitrine, et la femme empoisonnée par de puissants barbituriques. Ce récit tardif est présenté, lui aussi, à travers un méta discours, celui d'un témoin du drame et qui est un ami de la servante Flora. Cette dernière avait été séduite par le « revenant » afin de permettre à Emilio de s'introduire dans la maison et mieux y perpétrer sa vengeance. Cette trame respecte ainsi la tradition de la littérature populaire.

L'enivrement final de la femme fautive, le constant silence du vengeur, les hallucinations développées par le complexe de culpabilité, les connotations d'un discours qui s'intériorise pour montrer des traits psychotiques, créent une atmosphère effrayante dominée par le fantasme mystérieux et implacable du retour.

3. LA DANSE OU LA CÉRÉMONIE INFERNALES

La danse ou la cérémonie infernales constituent un autre motif traditionnel que s'approprient les productions narratives fantastiques. Surgissant dans la littérature folklorique, sa dimension fantastique semble être liée à des phénomènes paroxystiques qui peuvent déchaîner des forces maléfiques attaquant les hommes. Particulièrement utilisé dans la tradition germanique et anglo-saxonne, nous le trouvons à profusion dans l'œuvre de Shakespeare par exemple, où il y introduit des effets dévastateurs entre les personnages. Dans cette tradition, le motif de la danse ou cérémonie diaboliques apparaît être souvent associé à l'idée de gaspillage des aliments et, parfois, de la dilapidation de la richesse [21].

La littérature romantique va s'emparer de ce motif et le réélaborer. A travers des aspects archaïsants, comme au Moyen-Âge, elle lui attribue un sens particulier en l'unissant à la fête macabre au cours de laquelle surgit systématiquement la mort vengeresse. C'est le cas de *Lénore de Bürger* (1773) : restant seule et inconsolée, l'héroïne y attend son prince parti à la guerre. Une nuit, surgit un chevalier mystérieux en qui elle croit reconnaître son fiancé. Durant la fête qui suit cette apparition, le gentilhomme se révèle être, en fait, une incarnation de la mort [22].

Dans une étape initiale de l'œuvre de Cortázar, le cérémonial infernal était lié au motif de la statue dotée de mouvement. Nous trouvons cette association dans une très ancienne tradition, bien antérieure à Mérimée et à son ouvrage *La Vénus d'Ille*. En effet, la statue s'animant pour venger, punir et même exécuter un crime, appartient à un vieux folklore et elle se rattache à des légendes populaires d'origine italienne surtout, comme l'affirme Louis Vax [(23)].

Julio Cortázar mêle et fait fusionner ces deux motifs fantastiques dans un long récit d'une grande intensité poétique, et sans doute est-ce l'un des plus beaux de sa production narrative. Ce conte se déroule dans la région de Banfield, espace de la propre enfance de l'auteur ; tous les héros s'y déplacent avec l'ambiguïté prodigieuse qu'implique l'entrée dans le monde des adultes. Comme dans *Les poisons* et *Au nom de Boby*, le traitement fantastique est très faible dans *Fin d'un jeu* qui date de 1956 et appartient à la première édition du volume homonyme [(24)]. Tout le mystère que projette le récit naît de l'atmosphère de la contre-fête créée par les jeunes filles se déguisant. Ainsi, elles jouent le rôle de statues à l'heure de la sieste, moment où passe le train de banlieue avec ses quelques passagers lointains et ternes.

Lié à l'idée de célébration, le thème du travestissement comporte des connotations tragiques. Le recours au masque n'y est point étranger, car celui-ci atteint véritablement la fonction de talisman qui, comme dans l'Antiquité, est censée à la fois engendrer la vie et donner la mort. De plus, la présence dans le groupe d'une jeune fille difforme, Leticia, donne toute sa signification dramatique à cette cérémonie d'été, qui se transforme en un rite infernal.

Dans *Fin d'un jeu*, le reflet, que suppose tout masque, va jouer un rôle particulier. En effet, les jeunes filles qui s'emploient à représenter des statues en s'affublant de vieilles tuniques trouvées dans la maison, créent un lieu secret, à l'abri du monde des adultes, elles le nomment le *royaume*. Ainsi, leur jeu consiste, après tirage au sort, à se transformer en sculptures ou bien à figer des abstractions comme par exemple la médisance, la charité, ou la honte. Cortázar nous avertit, cependant, que cela a peu à voir avec les genres de la sous-littérature ou du mélodrame [(25)].

Dans les versions traditionnelles, la danse ou la cérémonie fantastiques exigent la présence d'un galant jeune homme qui est habituellement l'accompagnateur ou bien l'acolyte de la fée ou de la jeune fille. Ce personnage existe dans le conte de Cortázar sous les traits de l'étudiant voyageant dans le train qui passe près du groupe féminin occupé par le jeu. S'intéressant aux « statues », il laisse tomber de la fenêtre du wagon de petits papiers dans lesquels il commente la qualité des représentations qu'elles proposent. Il les signe du surnom d'Ariel ; pour toute la génération littéraire de Cortázar, ce prénom renvoie à toutes les connotations de spiritualité attribuées au personnage par Rodo [26].

Un jour, Ariel décide de se rendre sur la colline pour voir les statues ; il communique sa résolution par le réseau des missives établi grâce à ses déplacements ferroviaires. L'instant de son arrivée est semblable au moment où, dans les récits fantastiques, le personnage – prince se transforme en une figure de la mort. En effet, dans le conte de Cortázar, la jeune fille difforme attend l'étudiant et croit reconnaître en lui l'objet aimé ; cependant, il est un travestissement de la mort car il déchaîne une véritable tempête entre le jeunes filles.

Ainsi, d'un niveau ludique empli de symbolisme et de valeur allégorique – car les représentations abordent de plus en plus de concepts tels que l'envie, le découragement ou le sacrifice – la cérémonie passe à un niveau réel. Dans ce dernier, la reconnaissance du héros pose le problème de la destruction ou de la déception amoureuse à cause de la paralysie et de la déformation physique de l'héroïne. Cependant, le conte de Cortázar n'est point une parabole, comme ce fut souvent le cas de légendes fantastiques traditionnelles et des récits de Poe qui traitent du même sujet. En effet, on ne peut pas parler de décès des personnages dans le dénouement, mais bien de la fin de la cérémonie de la représentation, comme le signale le titre même du conte. Celle-ci renvoie, en fait, au terme mis au jeu libérateur qui évoquait l'amour adolescent.

Dans *Fin d'un jeu*, il n'y a point de solennité et de divertissement courtisan comme dans des récits similaires de Poe, *Le rendez-vous* en étant un exemple. De même, au contraire de textes fantastiques plus récents tels ceux de Stephen King [27], il n'y a pas non plus de vengeance lorsque l'héroïne décide de tuer tout le monde durant la cérémonie ou la fête finale. Il faut noter que le dénouement y est précipité par la rédaction d'une lettre mystérieuse dont le contenu n'est jamais révélé, comme dans la *Lettre volée* de Poe. C'est l'écriture même qui est élevée au niveau du fantasme amoureux et de la liberté.

Trois années plus tard, fut publié un nouveau conte incluant un autre genre d'activité cérémoniale à partir d'une fête et de son ambiance. Ce récit *Bons et loyaux services* apparut dans le recueil *Les armes secrètes*. Très différent du précédent il se déroule dans le milieu de la grande bourgeoisie parisienne et des couturiers. Il est présenté à travers le point de vue d'une femme âgée et alcoolique, Madame Francinet, qui ne comprend rien à la trame sinistre qui se tisse autour d'elle.

La cérémonie est double, dans ce conte. En effet, au cours de la fête initiale, des invités sont réunis dans une maison cossue pour y dîner et se divertir. Employée afin de remplir certaines tâches subalternes durant cette soirée, Madame Francinet se voit attribuer la garde de plusieurs chiens, parmi lesquels ceux des hôtes, dans l'une des pièces de la propriété. Cette fête lui permet de faire la connaissance de Monsieur Bébé, le seul personnage à avoir quelques égards pour elle. A cette cérémonie, en apparence banale, s'ajoute un cérémonial funéraire. Il est à la fois calqué et opposé au précédent car il s'agit du décès et de la veillée funèbre du corps de Monsieur Bébé. Cette dénomination cache, en fait, la véritable identité du protagoniste, « Linard », son homosexualité. Les funérailles se déroulent dans le même lieu que le joyeux repas antérieur. Cependant, Madame Francinet y joue un rôle bien différent, passant de servante à actrice, sans qu'elle-même en ait conscience. Contre une somme de dix mille francs, elle se travestit en la mère éplorée du défunt, pleurant sincèrement sa perte devant des journalistes venus assister à la dernière partie de cette fête sépulcrale. Comme dans le récit de Poe dominé par le prince Prospero, *Bons et loyaux services* présente un microcosme présidé par un masque qui est la représentation même de la mort. En effet, Madame Francinet affirme :

> *Et d'autres messieurs sont accourus pour me*
> *soutenir tandis que je regardais le si beau visage de*
> *M. Bébé mort, ses longs cils noirs, son nez de*
> *cire...*[28]

A ce masque mortuaire s'ajoute le voile des conventions sociales qui couvre un assassinat ; jamais explicité, cet acte criminel reste énigmatique et obscur. Le choix magistral de la femme âgée éthylique pour point de vue narratif permet au récit, en plus de ce mystère, de se rapprocher à la fois des genres policier et fantastique, ainsi que de ne point tomber dans l'allégorie à la manière de E.A. Poe.

Les pratiques cérémonielles acquirent, par la suite, une dimension complètement différente chez Cortázar. En effet, elles se tournèrent vers l'ésotérisme et cela donna lieu à des interprétations fantaisistes de la part des critiques. Publié en 1974, dans le recueil *Octaèdre* que nous avons déjà mentionné, *Les phases de Severo* présente les aspects bibliques et démoniaques comme des « corrélations » d'un univers pictural. En effet, de même que de nombreux contes parmi lesquels *Graffiti*, *Fin d'étape* et *Réunion avec un cercle rouge*, il est dédié à un peintre reconnu. Ainsi, ils établissent tous une relation soit avec le style, soit avec le niveau d'évocation du monde imaginaire représenté et proposé par l'artiste.

Dans le cas des *Phases de Severo*, il s'agit du peintre espagnol surréaliste Remedios Varo. Elle fut l'épouse de Benjamin Péret que Cortázar côtoya au Mexique, pays où elle trouva la mort en 1963. Elle appartenait à la génération de Octavio Paz et de l'écrivain argentin. Son art épuré et d'un grand classicisme formel, semblable à celui de Paul Delvaux, est ancré avant tout dans une réalité imaginaire. Celle-ci est peuplée de multiples êtres plus ou moins fantastiques qui se meuvent dans un monde totalement irréel. Comme dans le cas de Paz et de Cortázar, l'univers de Remedios Varo est souvent cosmopolite, manipulé par la notion ludique et extrême du labyrinthe .

La cérémonie infernale d'une mort rituelle qui est développée dans *Les phases de Severo* est l'interprétation analogique de la peinture de Remedios Varo. Comme dans d'autres cas, elle est présentée comme une célébration familiale. Elle se déroule autour du maître du foyer, Severo, qui est étendu sur son lit. Son épouse et ses enfants l'aident à traverser une série de phases dissemblables propres à un rite apparemment préétabli, le menant à une sorte de sommeil-mort à la signification ésotérique. Les diverses étapes qu'il doit dépasser sont les suivantes : la *transpiration* du héros auquel il faut changer les draps ; les *sauts*, le protagoniste s'élevant comme s'il utilisait un tremplin et rebondissant en différents points de la pièce (durant cette phase, des mites lui couvrent entièrement le visage et le transforment en un masque sale qu'il est nécessaire de vite nettoyer ; les *nombres* que Severo donne sans jamais se tromper ni les répéter à chacun des assistants ; et finalement, l'étape des montres durant laquelle les assistants doivent retarder ou bien avancer les leurs selon un schéma en apparence préalablement fixé mais inconnu. Produisant une douleur intense et de la souffrance chez tous ceux qui entourent le protagoniste, la cérémonie infernale s'achève par le sommeil-mort de Severo. On lui couvre le visage d'un foulard contenant aux quatre extrémités une pièce de monnaie cousue au tissu. Cet objet particulier est sans doute lié à quelque croyance occulte [29].

Dans la rubrique de la fête ou cérémonie infernales, l'un des derniers récits écrits par notre auteur, *L'école, la nuit* du recueil *Heures indues* est sans doute celui dans lequel nous pouvons identifier clairement un modèle littéraire. En effet, ce conte suit fidèlement et à grands traits la même disposition structurale *Le masque de la mort rouge* de E.A. Poe, que Cortázar traduisit. Le symbolisme de la fête nocturne chez l'auteur argentin est semblable à celui du texte de Poe qui se déroule dans une abbaye fortifiée et écartée ; impossibles à escalader, les murailles de cette construction préservent en apparence ses occupants de la peste qui sévit dans la région. Le récit de Cortázar reprend cette thématique, mais à travers une vision créée par le narrateur qui n'est point informé des faits bien qu'il participe directement à l'expérience. En effet, une même fête nocturne y prend place à l'Ecole normale, édifice isolé et défendu par de hautes grilles. Organisée clandestinement un samedi soir, la réunion est elle-même protégée de la foule.

Le symbolisme de l'espace correspond, dans les deux contes cités, à une forme non déclarée de labyrinthe, c'est-à-dire à une sorte de prison qui devient le lieu de la fête infernale. Dans le cas du texte-modèle de Poe, reliées par des couloirs, *sept pièces* sont disposées de telle façon qu'une seule peut être vue à la fois. Dans celui de Cortázar, il est fait référence à trois salles de cours et à trois bureaux, celui du secrétariat, celui du directeur et celui des professeurs. A ces différentes localisations internes, s'ajoute la salle où se réalise l'expérience « ophtalmologique » au cours de laquelle Mademoiselle Maggi concrétise une expérience sexuelle avec le narrateur. Il s'agit donc également chez Cortázar de sept divisions intérieures qui exercent clairement une fonction carcérale, comme le démontre le commentaire du narrateur :

> *Filons Nito, lui ai-je dit au milieu du vestibule, il y a sûrement une sortie, c'est pas possible* [30].

Le symbolisme des couleurs des lieux est repris d'un récit à l'autre. Chez Poe, les différents salons ont chacun une teinte dominante et distincte : bleu pour celui qui est le plus éloigné, pourpre, vert, orange, blanc, violet et noir mêlé de sang pour le dernier. La salle bleue située à l'orient est la plus proche de la vie, et celle tapissée de noir correspond évidemment à la mort. Dans le conte de Cortázar, les couleurs suivent un schéma semblable, plus libre et moins détaillé cependant. En effet, dans le salon où se déroule le bal, il y a des miroirs et de sombres rideaux verts ; de plus, les projecteurs ajoutent une lumière violette à l'ensemble. Notons que, chez Poe, le sixième salon, l'anti chambre de la mort, est également violet.

D'autre part, chez Cortázar, la cérémonie d'initiation sexuelle dégradée du narrateur se réalise dans une pièce noire. Seul peut être perçu un point rouge se perdant et resurgissant au milieu du blanc produit par la machine ophtalmologique sur laquelle l'enseignant en chimie place le narrateur. Dans ce conte, la teinte rouge semble acquérir la même connotation que dans le récit de Poe : dans les deux cas, elle favorise une sorte d'ensorcellement métonymique qui préside à chacune des cérémonies et qui symbolise le sang comme agent de la catastrophe finale.

Les personnages du *Masque de la mort rouge* paraissent être plus proches de l'allégorie : ils suivent ainsi une évolution qui les intègre à un monde onirique. A travers la traduction espagnole de Cortázar, Poe déclare :

> *En verdad, en aquellas cámaras, se movía, de un lado a otro, una multitud de sueños. Y aquellos sueños se contorsionaban en todas partes cambiando de color al pasar por los aposentos...* [31]
> (*En vérité, dans ces chambres-là, une multitude de rêves bougeaient d'un côté à l'autre. Et ces rêves se contorsionnaient de toutes parts changeant de couleur en passant à travers les différentes pièces...*)

A l'inverse, dans *L'école, la nuit,* les personnages atteignent une totale dimension cauchemardesque : ils sont en apparence des hommes et des femmes mais en fait des hommes se travestissant en femmes. Ainsi, le déguisement est dégradant aux yeux du narrateur ; de plus, les aspects métonymique qu'il contient annoncent la décomposition du monde. Alors que Poe reprend le modèle du prince Prospero subissant le châtiment de la disparition pour avoir été un démiurge orgueilleux qui osa défier le macrocosme à travers une fête transformée en apocalypse, Cortázar présente un narrateur qui doit disparaître silencieusement. Etouffé par la médiocrité et le conventionnalisme de la société, il ne pourra mener à terme les dénonciations qu'il avait entrepris de réaliser.

Dans *Le masque de la mort rouge,* le masque n'est ni la mort, ni la peste mais une représentation métonymique des deux. De la même manière, dans *L'école, la nuit,* les masques, perruques et déguisements sont une configuration de l'ordre nouveau annoncé par les affirmations de Fiori, travesti de militaire : « *De l'ordre même émane la force, de la force émane l'ordre* », « *Obéir pour commander, commander pour obéir* ».

Ainsi, le motif central du bal ou de la cérémonie infernale plonge ses racines dans les littératures populaires médiévales contenant parfois des connotations fantastiques lointaines grâce à des personnages de sorcières qui y incarnaient les thématiques du *passage* et de *l'instabilité*. Chez Poe et Cortázar, ce motif apparaît soit comme une incarnation métonymique associée à la punition des péchés ou des fautes de l'homme expiées dans la mort, soit comme manifestation de la décadence des valeurs civiles au sein d'une société autoritaire et absurde.

Voyons comment s'organise, dans les deux contes cités ci-dessus, le fonctionnement des motifs évoqués à travers le schéma suivant :

	Symbolisme de la fête	Symbolisme de l'espace	Symbolisme des couleurs	Symbolisme des personnages	Symbolisme de l'action	Dénouement
E. A. Poe *Le Masque de la mort rouge*	Célébration nocturne afin d'éviter la peste rouge, à l'intérieur d'une abbaye fortifiée et isolée	Sept salons unis par des petits couloirs qui ne permettent d'en voir qu'un seul à la fois, faisant surgir la forme d'un labyrinthe	Bleu (vie), pourpre, vert, orange, blanc, violet (antichambre de la mort), noir (mort)	a) Prospero (démiurge) b) multitude de « rêves » changeant de couleur en passant par les salons	Bal cérémoniel organisé par un prince	Échec de la société utopique qui ne peut refouler la mort rouge
Julio Cortázar *L'école, la nuit*	Célébration nocturne dans l'École Normale isolée et protégée	Combinaison de trois salles de cours, d'un laboratoire totalisant sept lieux disposés en labyrinthe	Vert, rouge, violet (lieu du bal), blanc, bleu, noir (couleur nuit)	a) Narrateur autobiographique b) multitude d'élèves et profs.	Bal informel et jeux rituels a) torture et mise à mort du chien b) colin-maillard c) saute-mouton d) décalogue	Échec de la société « normale » qui s'ouvre à l'autoritarisme

4. L'HYPOGÉE LABYRINTHIQUE

Notre étude s'est attachée à montrer comment les motifs du labyrinthe surgissaient, dans les premiers récits de Cortázar, à travers un effort interprétatif qui n'exclut point la pluralité approximative de ses significations. En effet, durant les années initiales, il s'y livrai comme une structure latente, comme une véritable image mentale qui acceptait une vaste polysémie symbolique. Cette indéfinition est celle même des « métaphores sans référent » typiques des littératures du XXe siècle.

L'inversion du mythe propre aux productions narratives et arts d'avant-garde ne fait qu'ajouter un mystère de plus à leur traitement, comme le démontre le poème dramatique cortazarien *Les rois*, datant de 1947. Dans tous ces textes, l'espace initiatique du mythe est nocturne et coïncide avec le retour de l'insécurité. Il se transforme en un lieu mental dans lequel, au fond d'un labyrinthe, l'indicible guette l'homme. C'est dans cet espace que se place ce *misterium tremendum* mettant en situation onirique un parcours incertain qui apparaît inversé dans presque tous les cas. Ainsi, l'archétype du cheminement à la recherche du centre ou *axis mundi* se transforme en archétype de l'expulsion violente soit d'une raison, soit d'une pièce voisine où un enfant pleure, soit encore d'un appartement peuplé de petits lapins blancs.

Au contraire, durant la période finale de l'œuvre de Cortázar, les motifs du labyrinthe ont acquis un rôle structurant au centre des récits. Leur fonctionnement est directement manipulé par des narrateurs autobiographiques qui présentent leur vision des faits ; ces derniers sont fortement encadrés par la conscience de celui qui les relate. Ainsi, l'homodiégèse y met en valeur le « je », personnage et à la fois témoin de la fonction narratrice.

En effet, le personnage qui parle partage les traits des autres protagonistes qu'il raconte ; il devient une entité interstitielle, marginalisée, agissant dans un monde qui se dissout.

Comme à la Renaissance, le narrateur ne cite pas nécessairement les sources du mythe ou bien son parcours concret. L'auteur lui-même est inclus dans les voix de la narration et il entre dans le labyrinthe à la place des monstres qui sont à l'affût. Ils peuvent être ceux d'un artiste drogué comme par exemple dans *L'homme à l'affût* – ou bien ceux d'une femme spéculaire entrevue dans le métro parisien comme c'est le cas dans *Manuscrit trouvé dans une poche*. L'errance insensée et la présence désacralisée sont en relation directe avec la perte du centre. La « chambre catoptique octogonale » rêvée par Léonard de Vinci, le labyrinthe idéal qui devrait refléter tous les autres, ne peut point exister. L'homme est, à présent, une puissance énigmatique dans un univers opaque où l'être se débat pour pouvoir exister ; la vieille illusion unificatrice du monde a disparu.

Tant dans le récit cité ci-dessus, *Manuscrit trouvé dans une poche*, qui fut publié en 1974 dans *Octaèdre*, que dans *Texte sur un carnet* inclus dans *Nous l'aimons tant, Glenda* (1980), le labyrinthe constitue un motif structurant central. Il se trouve être lié à la version spécifique de la chute infernale dans, respectivement, le métropolitain de Paris et celui de Buenos Aires. Ces deux cas ne sont pas les seuls que nous propose Cortázar. Dans *Cou de petit chat noir*, la descente aux enfers dans le métro parisien apparaît être liée au motif classique de la main qui agresse, entrant en rébellion avec les autres parties corporelles. De même que dans *Manuscrit trouvé dans une poche*, le parcours dans le métropolitain est un agent révélant la communication frustrée entre les personnages ; cela peut avoir une fin tragique, montrant ainsi le non-sens du voyage labyrinthique. Cortázar lui-même l'avait exprimé en ces termes :

El metro, ese árbol de Mondrian como lo llamo en Manuscrito hallado en un bolsillo me fascina enormemente. La infinidad de combinaciones posibles... Debe estar también el hecho de que es subterráneo y se conecta con arquetipos junguianos : son los infiernos. El metro es un infierno que visitamos en vida. (32)

(Le métro, cet arbre de Mondrian comme je l'appelle dans « manuscrit trouvé dans une poche », me fascine énormément. L'infinité des combinaisons possibles... C'est sans doute aussi parce qu'il est souterrain et qu'il est associé à des archétypes junguiens : ce sont les enfers. Le métro est un enfer que nous parcourons alors que nous sommes en vie...)

L'un de ses contes les plus célèbres inclus dans *Les armes secrètes* (1959), *L'homme à l'affût*, se caractérise par l'absence de phénomène fantastique en tant que structure de l'étrangeté, telle que l'avait définie en son temps Todorov. Cela ne peut empêcher l'usage de motifs comme ceux commentés dans cette étude. Dans ce conte, la descente labyrinthique dans le métro parisien présente des connotations liées à la temporalité psychique et symbolique, s'opposant ainsi à la perception courante de la durée.

La vie de l'artiste drogué, Charlie Parker, le saxophoniste Johnny étant sa réplique littéraire, ainsi que le parcours qu'il effectue sous le regard ironique et scrutateur de son critique Bruno sont de véritables labyrinthes. Bruno conduit le discours narratif et joue le rôle de guide initiatique que tout dédale suppose nécessairement. Johnny est en fait un homme délirant dont l'anomalie psychique n'est pas seulement imputable à l'absorption d'alcool et de drogue ; elle est également due à sa vision agonique du monde. Celle-ci s'enracine dans la notion d'exclusion qui est liée à la vision romantique de l'artiste créateur.

Énigme centrale, l'homme est manipulé par des forces convulsives. Il a la révélation de l'« anormalité » grâce au déroulement temporel entre les stations de métro de Saint-Michel, Odéon et Saint-Germain-des-Prés, au quelques instants nécessaires pour aller de l'une à l'autre. Alors que le protagoniste fait ce parcours, il se souvient durant quinze longues minutes d'une complète partition musicale et de la vie de ses proches aux États-unis d'Amérique. Cela produit donc une « élasticité retardée » propre de la perception psychique convulsive du personnage. Parfaitement connu en psychiatrie, correspondant à une sorte de soustraction psychique de la perception chronologique, ce phénomène est à l'origine de nombreux contes fantastiques ; tel est le cas de, par exemple, *Ce qui arriva à Owl Creek de A. Bierce.* Dans ce récit, un soldat sudiste durant la guerre de Sécession attend d'être pendu et réussit, en apparence, à s'échapper. Une longue succession d'épisodes nous est communiquée mais le dénouement nous présente de nouveau le protagoniste la corde au cou : en fait, une seule seconde avait passé permettant néanmoins une accumulation d'anecdotes.

Associée en général aux instants qui précèdent la mort, la *soustraction psychique* se révèle être également au centre d'un conte de Borges où elle est portée à son plus haut niveau. Ce dernier, *L'autre mort,* présente Hladick face au peloton d'exécution allemand qui va le fusiller. Il demande à Dieu de lui accorder la grâce d'avoir le temps de finir une œuvre théâtrale qu'il n'a pu conclure. Elle lui est concédée et, alors que l'auteur semble écrire durant un an pour achever sa pièce, il est abattu une seconde plus tard, comme cela était prévu. Dans *L'homme à l'affût* de Cortázar, les choses se déroulent sur les plans liminaires de l'expérience de la mort.

En fait, ce qui importe c'est la condition même d'élasticité retardée que possèdent les événements et la durée temporelle qu'ils impliquèrent, selon la définition des personnages de ces récits. Comme dans *La nuit face au ciel,* les éléments *chronotaraxiques,* relatifs à la perception de la temporalité, permettent l'unification de deux moments différents.

Le voyage fut incorporé tardivement dans l'édition des contes complets publiée huit ans après *L'homme à l'affût.* Cortázar va y explorer les formes labyrinthiques comme malentendu à propos d'une mise à l'écart infinie, à la manière de Kafka. Cependant, dans ce récit, la notion de « monde supérieur » opposée au « monde souterrain » propre au métro est plutôt utilisée comme idée de distance, de l'univers intérieur (maison, femme, propriété) au monde extérieur (noms hypothétiques de petits villages disséminés dans l'infinie pampa argentine). Cela résulte du fait que la réalité est de toute manière une réfraction spéculaire dans laquelle l'homme est perdu. Cela n'apporte que le manque de communication et la solitude.

Il ne faut point oublier que le récit est structuré à partir d'un voyage que le protagoniste réalise dans le but de se reposer et de se libérer. En effet, un médecin lui conseille de se rendre à un lieu appelé Mercedes, pour se détendre durant quinze jours. Cependant, le moyen de transport permettant le passage n'est plus le métro ou le tramway, mais les lignes confuses des différents systèmes ferroviaires argentins.

Ainsi, le voyage est un agent direct de la notion de passage. A travers le train et son tracé douteux, il constitue un symbole de transcendance ; il devient donc le véhicule de l'initiation labyrinthique. *Le voyage* évoque inévitablement *El Guardagujas* de Arreola auquel il doit plus d'une similitude dans la mise à l'écart des buts [33]. Il en est de même pour *Manuscrit trouvé dans une poche* que nous avons déjà cité. Le motif central de ce conte complexe et ingénieux est celui de l'impossibilité de la fuite hors du labyrinthe. Le dédale est créé par les règles préfixées et arbitraires d'un jeu qui se constitue comme métaphore du destin humain. Le protagoniste le déclare lui-même lorsqu'il affirme que son code ludique est « simple et tyrannique ».

Le jeu s'y établit lorsque la femme qui attire le protagoniste qui la regarde à travers le reflet de la fenêtre du wagon dans lequel il voyage, répond à son image et lui sourit. Cette activité gratuite implique une dose de hasard liée à la direction que prendra la traversée du passager ; ainsi, il ne pourra parler, par exemple, à la femme que si cette dernière prend la même sortie que le narrateur de l'histoire. Ainsi, l'aléatoire est constitutif de la destinée ; la possibilité d'atteindre la complétude n'est qu'un coup de chance dans un jeu aussi hypothétique que celui des cartes.

Dépendante des circonstances du hasard, la rencontre des deux personnages ne peut être une réussite. C'est à cause de règles absurdes et prédéterminées que le protagoniste, devenu presque leur esclave, doit se rendre à l'intérieur du métro afin de tenter de récupérer la femme qui lui appartenait. Cependant, cela devient impossible car le prénom Ana-Margrit dans le labyrinthe [34] se transforme en Marie-Claude dans la vie extérieure, à la surface. Ainsi, le retour aux enfers implique la perte de la femme, de la communication et impose la rencontre avec soi-même.

Dépourvu des références allégoriques directes qui se trouvent dans le récit homonyme de E.A. Poe *Manuscrit trouvé dans une bouteille* et qui est son modèle, le conte de Cortázar ne fait que se référer à l'idée de destin humain en tant que périple à l'origine incertaine et au destin tragique. Le titre commun de ces deux contes a une valeur métonymique dans laquelle est annoncé l'échec final de l'expérience suggérant subtilement la perte de la vie humaine.

Dans le récit *Texte sur un carnet* du recueil « *Nous l'aimons, tant Glenda* » (1980), le dédale du métro s'installe dans le Buenos Aires de 1946, et il fut administré à l'époque par la Compagnie Anglo-Argentine. A la différence du métropolitain parisien, le sens des déplacements dans le métro de la capitale argentine est la ligne droite, liant deux points, Plaza de Mayo et Primera Junta. Pourtant, il n'en est pas moins inextricable.

L'errance labyrinthique des personnages renvoie à l'idée du voyage initiatique sans que la signification d'un tel trajet révélateur puisse être perçue. Le parcours dans ces méandres ressemble avant tout à une fuite désespérée, à la recherche d'un refuge protecteur. Ainsi, le contrôle des personnes l'empruntant fait apparaître un nombre total de 113.987 passagers par jour ; cependant, seuls 113.983 d'entre eux retournent à la surface. Les quatre voyageurs égarés appartiennent alors au monde des ombres du métro. Ce dernier est

...entendu comme autre chose, comme respiration lente et différente, un pouls qui d'une manière à

peine pensable ne battait pas pour la ville, n'était déjà plus un simple moyen de transport de la ville. (35)

La disparition de ces personnages au fond du labyrinthe ne signifie aucunement la cessation de leur existence. En effet, ils s'organisent de manière rigoureuse, calculant les horaires des rames pour pouvoir y être présents par roulement. Ils évitent ainsi d'être dénoncés. Créé par ces êtres fantasmatiques qui se distinguent des autres par leur extrême paleur, un système d'invasion lente et planifiée s'instaure à tous les niveaux. Il leur permet finalement d'occuper tous les wagons et les interstices de la ligne de métro en suivant un code tyrannique et secret.

Le modèle précis et spectaculaire qui donne naissance à ce récit est évident. Nous le trouvons encore une fois dans l'œuvre de Poe car il s'agit du conte paradigmatique *L'homme des foules.* Dans les deux textes, celui de Cortázar et celui de Poe, l'attitude exploratrice des narrateurs se heurte à l'hermétisme des règles qui régissent le déplacement des personnages. Les couloirs et les quais du métro emplis de monde y évoquent l'horreur de la foule. Dans ces récits, la notion de masse est intégrée à la structure même des formes labyrinthiques.

Il y surgit également un territoire mouvant où les personnages ont la possibilité de se dérober ou de fuir. Finalement, ces contes traitent tous deux du destin tragique de l'homme anonyme parmi la multitude ; Poe le censure alors que Cortázar l'utilise exclusivement en tant que victime. Il ne peut que se cacher ou dissimuler sa marginalité dans un univers impersonnel et terrible.

Pourtant, il ne faut point confondre la sensibilité de Poe, écrivain du XIXe siècle, avec celle de Cortázar. En effet, l'auteur américain avait tendance à condamner la massification en tant que produit d'un abandon de l'individualisme rationaliste. Par contre, pour Cortázar, la massification entraîne une tyrannie de l'ordre qui ne réussit à appauvrir que l'âme. Malgré cette divergence, les deux écrivains ressentent la même méfiance vis-à-vis du monde rationnel, et affirment le caractère indicible et mystérieux de la destinée humaine.

Le schéma comparatif qui suit permet d'en montrer les surprenantes similitudes :

E. A. Poe *L'homme des foules*	Le narrateur part d'observations de caractère abstrait et général sur la condition humaine	Les rues bondées d'êtres humains constituent le labyrinthe dans lequel se déplace l'homme pris dans la masse	Il s'agit d'un voyage initiatique dans un territoire mobile (quartiers et rues) où on peut se cacher	L'homme des foules se promène indéfiniment dans le labyrinthe	« Le destin humain est un mystère qui ne se laisse point lire », dit Poe en citant Brünninger
Julio Cortázar *Texte sur un carnet*	Le narrateur parle d'une période confuse et du désir de vérifier de surprenants phénomènes dans le métro	Le métro bondé de Buenos Aires constitue un labyrinthe dans lequel ceux qui savent se confondent avec ceux qui dissimulent	Il s'agit d'un voyage initiatique dans un territoire mobile (la ligne du métro) où les personnages se cachent	« Il y a quelqu'un là en-dessous » qui marche sans fin à travers le labyrinthe	Le destin humain est aussi un mystère insondable qui dissimule la marginalité (le narrateur achète une édition de C. Vallejo, *Trilce*, dans la gare Pérou du labyrinthe...)

NOTES

1. Dans *La nausée*, Antoine Roquentin prend conscience de l'existence d'un galet au moment même où il se prépare à le lancer, et ce faisant, il découvre la présence de l'altérité absolue. Cf. : *La nausée*, Gallimard, 1938, p. 110. Cet épisode pose donc le problème de la révolte et de l'autonomie des objets perçus, ainsi que celui de la confusion qu'ils peuvent créer dans l'esprit du sujet pensant, du fait de la prolifération de leurs modalités.

2. Cortázar, *Gîtes*, Gallimard, 1968, traduction de Laure

3. *Gîtes*, *op. cit.*, p. 140.

4. *Ibid.*, p. 145.

5 Cf. W.F. Harvey, *The beast with five fingers*, Dent, London. Cité par Cortázar dans « Du sentiment du fantastique », *Le tour du jour...*, p. 45-47.

6. Cf. Théophile Gautier, *Emaux et Camées*, dans *Poésies complètes*, Paris, Nizet, 1970.

7. Cortázar, *Le tour du jour en quatre-vingts mondes*, Gallimard, 1980, traduction de Laure Guille-Bataillon, Karine Berriot, J.-L. Lepetit, et Céline Zins, p. 133.

8. *Ibid.*, p. 134.

9. Sur ce sujet, voir l'intéressant article intitulé « *Octaedro* : ocho caras del desespero », in *La isla final*, édition de J. Alazraki, Madrid, Ultramar, 1983.

10. Cortázar, *Tous les feux le feu*, Gallimard, 1970, traduction de Laure Guille-Bataillon, p. 42.

11. Voir : Le Couteaux : *Fantômes et revenants dans le Moyen Âge*, 1986, p. 95 et suivantes.

12. Selon la traduction de Cortázar, Poe écrivit : « Mi imaginación se tornó macabra. Hablaba de *gusanos* , de

tumbas, de *epitafios*. Me perdía en ensueños de muerte, y la idea del entierro prematuro poseía permanentemente mi espíritu. (Mon imagination devint macabre. Je parlais de *vers*, de *tombes* , d'*épitaphes*. Je me perdais dans des songes de mort, et l'idée d'enterrement prématuré possédait mon esprit en permanence). Voir : *Cuentos*, vol. 1, *op. cit.*, p.202. Bien qu'ils soient liés, le motif de l'enterrement précoce est différent de celui du « revenant ». En fait, le premier constitue l'une des formes à travers lesquelles le « revenant » se manifeste de manière répétitive, plus particulièrement à partir de la littérature gothique.

13. Cortázar, J., *Gîtes, op. cit.*, p.199.

14. Le Couteaux : *Fantômes et revenants dans le Moyen Âge*, *op. cit.*, p. 25-45.

15. Cortázar, J., *Gîtes. op. cit.*, p. 215-216.

16. Cortázar, J., *Tous les feux le feu, op. cit.*, p.65.

17. « J'ai eu dernièrement l'occasion de rencontrer à Cuba un groupe de jeunes qui discutèrent de l'efficacité du genre fantastique dans la nouvelle, le trouvant périmé, gratuit et, en dernière instance, réactionnaire parce que ne servant pas aux fins de la révolution... Je me suis contenté de répondre que le fantastique, en tant que façon de saisir une certaine réalité par la voie littéraire, pouvait avoir un contenu positif fécondant, libérateur sur le plan de l'intelligence et de la fantaisie...» (déclaration de Cortázar lors de la table ronde « Exil et littérature »), *Littérature latino-américaine d'aujourd'hui*, Colloque de Cerisy-la-Salle, Paris, Union Générale des Editeurs, coll. 10/18, 1980, p. 125.

18. Dans l'ouvrage de Le Couteaux sur le « revenant », que nous avons mentionné à plusieurs reprises, la distance entre chaque modalité est implicitement reconnue à travers l'élaboration, bien plus subtile que pratique, du fantastique moderne. Il est également affirmé qu'au Moyen Âge, on pensait que le « revenant » entrait par le toit des maisons s'il trouvait les portes fermées, pouvant ainsi réaliser sa vengeance sur les vivants. Voir : *Le revenant au Moyen Âge, op. cit.*, p.92.

19. Cortázar, J., *Façons de perdre, op. cit.*, p.164-165.
20. Cortázar, J., *Nous l'aimons tant, Glenda, op. cit.*, p.84.

21. Voir particulièrement : Larque, F., *Shakespeare et la fête*, Paris, P.U.F., 1988.

22. Vade Y., *L'enchantement littéraire*, Paris, Gallimard, 1990.

23. Vax, L., *Les chefs-d'œuvre de la littérature fantastique*, p.76-82. L'historien anglais Guillaume de Malmesburry précise que, vers l'année 1125, il existait une légende semblable à celle utilisée par Mérimée localisée à Rome.

24. Dans sa version française, le récit fut inclus, beaucoup plus tard, dans le volume *Les armes secrètes*.

25. Dans le conte, il existe une lecture spéculaire, puisque Leticia y parcourt le livre du mystérieux P.A. Ponson du Terrail, auteur français du XIXème siècle, *Les drames de Paris* ; son héros célèbre, Rocambole, y défend les pauvres et les faibles contre les riches.

26. Le livre d'essais de Rodo, *Ariel*, fut célèbre en Amérique latine à cause de sa prise de conscience face à l'utilitarisme de la culture nord-américaine. L'auteur uruguayen y présentait le triomphe de l'esprit en l'incarnant dans le personnage tiré de *La tempête* : « Ariel genio del aire...representa la parte noble y alada del espiritu. » (Ariel génie de l'air... représente la partie noble et ailée de l'esprit),. *Literatura Hispanoamericana*, New York, Holt, Reinhart & Winston, Anderson Imbert, Florit, 1965, p. 527.

27. Ainsi, par exemple, l'ouvrage de S. King, *Carrie*, inspira le long métrage que dirigea Brian de Palma en 1976. Le bal y est une cérémonie punitive dans laquelle l'héroïne, ridiculisée et diminuée par ses amies, se venge en semant la destruction et le chaos. Elle y développe des pouvoirs compensatoires et elle tue du regard ses offenseurs.

28. Cortázar, J., *Les armes secrètes*, p. 182.

29. Remedios Varo pensait que le monde était ordonné par d'autres lois que celles de la physique. C'est pour cela que nous trouvons dans ses tableaux des lévitations, des attractions et des correspondances défiant les règles rationnelles. Bien évidemment, elles fascinèrent J. Cortázar. Ainsi, dans *Nature morte ressuscitant* (1963), le thème pictural est remis en cause par des forces cosmiques qui transforment des fruits en astres tournant autour d'un soleil

237

créé par une bougie. De même, dans le beau tableau *Le fil* (1956), une femme tisse un écheveau sortant d'une poitrine masculine en forme de labyrinthe ; des oiseaux volent autour de l'homme en sortant de son dédale même. Chez R. Varo comme chez J. Cortázar, la musique et la représentation picturale créent des correspondances symboliques. Ainsi en est-il, par exemple, des tableaux *Le flûtiste* (1955) et *Vol magique* (1956). Dans ce dernier, surgit une lyre dont la ligne mélodique est un fil destiné à capturer un homme chauve-souris. Notons que J. Cortázar utilisait ce même procédé avec ses cronopes. Voir : JAGUER, Edouard, *Remedios Varo*, Paris, Filipachi, 1980.

30. Cortázar, J., *Heures indues*, op. cit., p.75.

31. Poe, E.A., *Cuentos*, vol. I, *op. cit.*, p.169, traduction de J. Cortázar.

32. Gonzalez Bermejo, *Conversaciones con Cortázar*, Barcelona, Edhasa, 1978, p.46-47.

33. Voir à ce propos *Confabulario*, Madrid, Cátedra, 1985.

34. Le prénom Margrit est très suggestif car, dans les profondeurs du labyrinthe, il ne peut qu'être associé au nom du peintre favori de Cortázar, Magritte. A partir de 1940, après une période néo-impressionniste, l'artiste belge projeta un jeu spéculaire dans ses toiles. Ce dernier se prête parfaitement aux intérêts esthétiques de Cortázar. En effet, sous l'aspect d'une grande objectivité et d'un froid réalisme minutieux, ses peintures expriment une grande inquiétude reflétant l'ambiguïté ainsi que l'attente souvent paradoxale et absurde liée au surréalisme.

35. Cortázar, J., *Nous l'aimons tant, Glenda*, op. cit., p.128.

CONCLUSION

Faute de meilleur terme pour les désigner, Julio Cortázar considéra ses propres récits comme fantastiques. En effet, ses ouvrages réutilisèrent, de façon assurément nouvelle, riche et complexe, la notion de présence violente et inattendue. Elle y devint un agent de remise en cause des signifiés mystérieux du monde. En ce sens, les contes de l'auteur argentin reposent sur une praxis littéraire qui, en se constituant comme un corpus sémantique, propose l'affrontement constant entre les niveaux de l'énoncé – pris comme un ensemble d'événements – et de l'énonciation, cette dernière étant comprise comme une conjonction de croyances et d'habitudes du narrateur ainsi que du lecteur virtuel. Est-il nécessaire d'insister sur la perspective de notre travail qui a tenté d'étudier une œuvre littéraire à travers les constantes de ce qui la distingue et la rend unique dans les annales du genre fantastique ?

La légitimité ou l'« anormalité » des faits ne s'y manifestent pas seulement grâce à l'utilisation traditionnelle de divergences entre le narrateur et le lecteur quant à la vraisemblance des faits narrés, grâce par exemple à des apparitions démoniaques, des fantômes et des espaces situés outre-tombe. Elles y surgissent également à travers la valorisation particulière des codes de lecture qui demeurent ouverts, ambigus, contradictoires. Ces derniers effacent intensément les frontières entre le normal et l'anormal, entre les personnages et le lecteur virtuel, entre l'interprétation allégorique et l'explication rationnelle.

A partir d'une textualité toujours problématique, le fantastique apparaît, dans l'œuvre de J. Cortázar, d'une manière originale. En effet, il permet au lecteur de percevoir les attitudes des personnages qui affrontent, par exemple, l'épreuve d'un bruit envahissant ou bien l'expérience périlleuse des regards obsédants.

Ainsi, dans les textes de J. Cortázar, le narrateur focalisé pourrait être défini par sa capacité restreinte de connaissance qui est liée à son propre manque de réaction face aux événements. Sa fréquente impassibilité ne fait que précipiter les contes dans ce que la notion d'horreur, telle que l'entendait E.A. Poe, impose : un univers cauchemardesque et mû par une fatalité impénétrable qui échappe à l'action des hommes.

Aussi, l'énigme centrale installée au fond de l'être ou bien dans la partie la plus reculée d'une localisation précise, comme par exemple une maison assimilée à une tête – *Céphalée* – est à la base de la création du monstre menaçant qui fonde à son tour un bestiaire intérieur. Celui de l'œuvre de J. Cortázar est sans doute le plus remarquable et le plus effrayant de tous ceux qui se dessinent dans les lettres hispaniques du XXe siècle. En son sein, l'irruption subreptice et brutale du monstre peut conduire explicitement au bestiaire. Parfois ce dernier est la manifestation de l'altérité liée au mystère de l'inconscient et de l'identité ; tel est le cas de *La lointaine*, par exemple, qui parvient aux motifs du double. Il est aussi capable d'exprimer une animalité liminaire et métaphorique comme dans, par exemple, *Les portes du ciel*.

L'animalité propose également l'incarnation hybride du mal ou l'expression d'états névrotiques profonds. De même, elle constitue la voie qui permet d'accéder à la création d'une dynamique de libération spirituelle. Cependant, il faudra attendre de nombreuses années de constante réélaboration des motifs fantastiques avant que J. Cortázar n'atteigne ce stade. En effet, l'auteur les reprendra périodiquement dans différents contes, en évitant coûte que coûte les répétitions exactes, déployant, tel un éventail, leur portée exploratrice. Ceci explique que la critique des années cinquante et soixante ait signalé, avec une excessive insistance, les traits psychotiques des ouvrages de l'écrivain argentin.

J. Cortázar mit souvent en valeur les aspects cauchemardeux et hallucinatoires de l'animalité menaçante. En effet, il prit rapidement conscience de la similitude croissante entre le discours paranoïaque qui ne peut prendre en compte les frontières de la réalité, et le discours fantastique qui tente, au contraire, de les récupérer de quelque façon que ce soit.

De là à l'exploration des problèmes du dédoublement ou de la duplication de l'être qui aboutissent à la présence du double, il n'y a qu'un pas. Le bestiaire se transforma alors en un système métonymique dans lequel les éléments parenthétiques – monstres, dévoration périodique, labyrinthe – disparaissent progressivement pour donner lieu à une animalité accédant à la mythologie. Cet aspect est souligné, par exemple, dans *Circé, Les ménades, Axolotl*, et bien plus tard dans *L'Idole des Cyclades*. Cependant, les animaux empruntant une conduite humaine ne sont point comparables aux hommes animalisés. Telle est la différence qui sépare les bestiaires médiévaux des bestiaires modernes. En ce sens, *Axolotl* est un conte exemplaire au fantastique kafkaïen : la perte de l'identité de l'homme, sa solitude totale et sa fascination pour cette sorte de salamandre à l'état larvaire conduisent non seulement à la perte du reflet identitaire, mais aussi à celle de l'illusion de l'écriture. C'est dans ce monde fait de frontières, d'interstices, et de passages que se structura l'obsession spéculaire de J. Cortázar pour l'écriture auto-réflexive, origine et destin de sa modernité.

Les motifs étant liés aux déplacements ou altérations de l'identité qui aboutissent à la présence du double surgissent simultanément et en relation profonde avec ceux de l'animalité menaçante. Ils adoptèrent la forme de la ressemblance fortuite. Cela est le cas de *Portes du ciel*, et de l'un de ses contes anthologiques, *La lointaine*, tous deux étant liés à la métempsycose. Récits initiaux écrits entre 1948 et 1951, ils donnèrent naissance à une longue et complexe série dont les variations sont très riches et suffisent à elles seules à

241

faire de l'auteur l'un des écrivains fantastiques les plus importants de ce siècle.

Que cela soit sous la forme de la *possession démoniaque*, comme dans *Deuxième fois*, ou bien sous la forme de motifs de la réincarnation, comme dans *Les armes secrètes*, les récits réinterprétant les thèmes du double utilisent des motifs qui devraient mener explicitement ou tacitement à la *construction des figures*.

Dans le tissu symbolique que forment ces dernières, la coïncidence semble être conduite par le hasard et le désir, au sens défini par André Breton. Ainsi, ces figures sont d'une surprenante originalité. Les contes *Une fleur jaune* où le double est traité clairement sous la forme analogique, *Tous les feux le feu* où les couples d'alter ego élaborent une véritable *figure de constellation*, et *L'autre ciel* montrent que les pulsions cortazariennes trouvèrent peu à peu leurs symboles. A la fin de sa vie, dans l'un de ses écrits daté de 1980, l'écrivain lui-même déclara qu'elles s'éclaircirent graduellement.

Assumant les cauchemars où règnent l'innombrable et l'indicible, les mythologies de l'inconscient se constituèrent comme un cérémonial de l'écriture, comme un reflet inclusif et fragmentaire de l'altérité. Justement, le narrateur d'un conte de cette période affirme que l'un des personnages ne sait faire que des rêves pénibles. Ce dernier s'en délivre en produisant des textes qui cherchent, paradoxalement, à reproduire ses propres cauchemars, car ceux-ci peuvent lui révéler la vérité des êtres. En fait, ce protagoniste fictif dissimule à peine la personne biographique de l'auteur.

C'est à partir de la seconde édition de *La fin d'un jeu* et une fois réalisé son roman expérimental, *Marelle*, que s'accentuent les niveaux exploratoires de l'onirisme : ils créent de véritables états intermédiaires conduits par la notion de passage, plus ancienne dans l'œuvre de Cortázar. Ainsi, le symbolisme de la duplication est supplanté par une autre voie qui révèle l'indicible à travers des processus à mi-chemin entre le sommeil profond et l'état de veille. Durant cette période, Cortázar produisit de nombreux récits en employant l'hypnagose ; il s'agit du développement d'une conscience imaginaire dans laquelle la forme de l'appréhension du réel est déterminée par des tensions de type hypnotique, les états intermédiaires comme la somnolence ne lui étant pas étrangers.

Ainsi en est-il de *Fleuve*, qui semble tiré d'un vignette de *Marelle* (1963) à cause de sa référence *hypnotaxique* à la perte onirique, par le suicide, de la femme aimée. Il sera suivi peu après de *Récit avec un fond d'eau*, avant de parvenir à *Réunion* où le processus est explicité à des niveaux théâtraux immédiats. En effet, la mort du dirigeant qui commande le débarquement du Granma à Cuba en croyant l'entrevoir dans son assoupissement. Cette vision devient compréhensible en adoptant l'éclairage médical, car il s'agit, selon sa propre explication, d'une hallucination due au demi-sommeil et conjuguée à de la fièvre.

Plus tard, à partir de 1974, l'auteur approfondit l'exploration d'états intermédiaires liés aux phénomènes oniriques et tenta ainsi de construire des récits limites, comme par exemple *Là mais où, comment* et *Anneau de Möbius*. Dans ces contes, le rêve anamnésique est ce qui permet de réaliser le passage hypothétique qui se rapproche chaque fois plus précisément de l'indicible et de l'inimaginable. Le souvenir non confirmé d'existences antérieures, l'annulation de la causalité temporelle, les régressions à l'inconscient profond y constituent la base d'une exploration exaspérée. Derrière cette dernière, guette bien souvent la mort qui devient une manifestation de l'horreur, à la manière d'E.A. Poe.

Se centrant sur la répression militaire des années soixante-dix en Amérique latine, deux des plus célèbres contes de J. Cortázar peuvent être inclus dans cette catégorie : *Coupures de presse* et *Cauchemars*. Ce sont des textes tardifs dans lesquels se déclare de plus en plus fortement la présence de *méta-histoires*. Elles déterminent des niveaux d'intertextualité relatifs à la situation concrète du continent de cette sombre décennie. Traitées comme des paraphrases hypotaxiques de la mémoire du sous-continent, des histoires nocturnes élaborent une mémoire des ombres. Leur lueur incertaine ne peut en rien éclairer les choses, comme cela est affirmé dans *L'école, la nuit.*

A partir de la publication de *Marelle*, l'auteur étendit et diversifia sa recherche de systèmes de passage qui se virent attribuer – de manière manifeste – des niveaux supérieurs du symbolisme de la reproduction. Cette dernière se réfère en ultime instance à la même production textuelle. C'est le cas de *Continuité des parcs*, brillant récit amplement étudié par les critiques. Il sera suivi par, entre autres, des textes comme *Directives* pour John Howell, puis *Orientation des chats* et *Éclairages*. La lecture, le théâtre, la peinture ou bien la musique y fonctionnent comme des agents de la transformation souvent tragique des actants.

Ce symbolisme s'incarna par la suite dans de nouveaux motifs fantastiques explorés de manière originale par J. Cortázar. Ainsi, *La chambre obscure* ou *La machine reproductrice* y surgissent comme des agents de l'aliénation et de l'horreur. Sans doute, l'incarnation la plus complète de ces motifs se trouve dans *Les fils de la Vierge*, et dans un récit lui ressemblant fort : *Apocalypse de Solentiname*. Quelques contes les avaient utilisés auparavant, de manière moins spécifique et à des niveaux symboliques, en faisant allusion à une salle de théâtre, dans, par exemple, *La fanfare*, ou plus tard à une chambre de torture sans issue, dans *Deuxième fois.*

En plus des répétitions fidèles de la photographie, du rêve ou de la lecture, l'identité nominale des actants fut explorée à travers de récits proches du genre policier. Ainsi en est-il du *Mobile*, des *Amis*, et finalement du *Soir de Napoles*. Ce dernier est lié thématiquement à d'autres contes évoquant la répression politique dirigée par des militaires latino-américains durant la décade 1970. Ces textes présentent des protagonistes qui apparaissent comme les victimes d'un pouvoir supérieur. Ce dernier leur échappe complètement et, comme dans les contes de E.A. Poe, il impose son fatalisme cauchemardesque dans l'horizon de leur destin. Les textes de J. Cortázar utilisent également la citation ou une corrélation spécifique de E.A. Poe ; cela s'accentua dans les dernières productions de l'auteur argentin. Dans *Le soir de Napoles*, *La lettre volée* de l'écrivain nord-américain est évoqué par l'un des personnages créé par J. Cortázar afin de renvoyer aux problèmes inhérents au mystère policier que présentent les deux récits.

Durant cette même époque, J. Cortázar réalisa une ouverture thématique en revalorisant, à travers la mémoire, le rôle de la croissance et du désir dans la vie adolescente. Elle s'inscrit dans, par exemple, *Siestes*, *Au nom de Boby, Vous vous êtes allongée à tes côtés*. Le sentiment de culpabilité au cours de l'éveil à l'érotisme juvénile donne lieu à de véritables cérémonies para fantastiques et à des délires oniriques. En s'appuyant sur des références plastiques, ils y cherchent douloureusement des passages permettant d'accéder au dépassement de la psychose hallucinatoire.

La valeur emblématique de l'agression onirique trouve également des représentations dans un autre genre de motifs qui souligne la violence du processus : ainsi en est-il de mains de cire en forme de griffes, de longs couteaux de cuisine qui font briller la haine dans les yeux d'un enfant, et de toiles d'araignée qui enferment dans leur filet l'attitude dominatrice d'une mère. La structure ouverte des contes de cette étape tardive n'empêche point l'utilisation de systèmes de passage, et la formation des figures.

Ainsi, la coïncidence significative dépend de plus en plus au cours des années d'une intertextualité dans laquelle le discours fantastique incorpore des symboles et des méta-histoires. Ceux-ci sont considérés comme les produits du hasard, du désir et de la volonté de réunir, dans le temps et l'espace, des points culminants que la mémoire ou la géographie des deux bords cortazariens ont déjà perdus.

L'évolution de l'œuvre de J. Cortázar est plus que surprenante. La distance chronologique et géographique permet à l'écrivain de réélaborer, sans aucunement le nier, des expériences, des rapprochements, de réemprunter des ponts et de s'approcher de nouveau des abîmes antérieurs. L'aspect autobiographique est à peine caché par le jeu des miroirs réfracteurs des figures de relation. Dans une série de récits qui se développèrent tardivement, c'est-à-dire à partir de 1974 environ, l'image féminine semble être impossible à récupérer.

Liliane pleurant, Les faces de la médaille et la réélaboration d'un conte presque de jeunesse, *La barque* ou *Nouvelle visite à Venise*, en constituent quelques exemples. Dans le dernier conte cité, produite par un personnage dédoublé en lecteur-virtuel, la méta histoire renvoie au fait que E.A. Poe avait également utilisé la localisation de Venise. En effet, dans *Le rendez-vous*, il la combinait avec les motifs de la mort, ultime destin des personnages, la rattachant ainsi à un trope fantastique.

L'image féminine se trouve être toujours dissimulée dans les biographies imaginaires transcrites par les textes. En effet, les narrateurs ne peuvent la retrouver – malgré toute l'intensité de leur recherche. Ainsi, le reflet spéculaire du discours narratif opère comme témoignage par lettres d'une carence de base. La femme n'existe point ou bien elle a disparu pour toujours de l'horizon du narrateur. Elle se dérobe et, ne pouvant être rejointe, elle devient une image élusive d'un journal épistolaire.

Intégrant la dernière partie de l'ensemble des contes de Cortázar, surgissant entre 1980 et 1983, *Nous l'aimons tant, Glenda, Bouteille à la mer*, et *Anabel* insistent sur l'ouverture d'interstices et de frontières grâce au hasard et à la coïncidence. Ainsi, l'écriture fantastique devient visionnaire et se trouve être liée à la mémoire. En fait, elle assume le rôle du véhicule exploratoire du désir, autre sève secrète de ce grand arbre aux figures cortazariennes qui invitent au voyage permanent au-delà de tout territoire figé. Dans l'ultime récit évoqué ci-dessus, le journal intime représente la mutation impossible du narrateur à travers l'absence de la femme. L'écriture fantastique enferme une correspondance qui fait exploser à jamais les fonctions du lecteur virtuel ainsi que celles du discours-limite l'établissant.

Des « faire » et « défaire » permanents paraissent se situer au bout des passages, à la rencontre de l'un des plus beaux rêves humanistes qu'ai créés le XXe siècle. Le jeu grave et cérémonial, ainsi que le passage interstitiel ont comme finalité ultime et secrète la recherche de la liberté humaine. Cependant, ses racines plongent dans une tradition qui rattache J. Cortázar à la littérature fantastique dans ce qu'elle a de meilleur et de plus classique. Il faut souligner que cet aspect n'a pas été suffisamment étudié par les critiques. Bien que les références à aussi bien Théophile Gautier, que Nerval, Villiers de l'Isle-Adam, Maupassant, Sheridan, Reverdy et Lovecraft soient constantes dans l'œuvre de J. Cortázar, la figure la plus marquante et la plus brillante demeure celle de E.A. Poe. En effet, elle fut l'objet favori de ses lectures d'enfant ; puis elle constitua le centre de son activité de traducteur adulte.

Ainsi, par exemple, comme dans *Le cœur délateur* de E.A. Poe, les différentes parties du corps ou des objets acquièrent parfois une vie propre et réussissent à se venger de quelque chose ou de quelqu'un dans des récits de J. Cortázar. A partir de 1964, des contes comme le magistral *N'accusez personne* le montrèrent clairement. En effet, l'acte d'enfiler un tricot y aboutit à une tragédie dans laquelle la main est représentée comme s'il s'agissait de griffes indépendantes et agressives.

Le motif de l'autonomie des parties physiques devient présent comme dans les textes *La caresse la plus profonde* et *Séjour de la main*. Dans ce dernier particulièrement, la référence à des récits classiques utilisant le même procédé est explicite. En effet, *Etude de mains* de Gautier et *Le Gant de crin* de Reverdy sont la base déclarée de ces récits de J. Cortázar. De même, dans *Cou de petit chat noir* et *l'Autoroute du sud*, on peut observer des variantes qui dépassent la seule exécution du motif traditionnel de la rébellion des objets ou des membres du corps.

Il en fut de même des motifs du revenant et du bal infernal que la tradition fantastique du XIXe siècle explora longuement. La traduction française des œuvres complètes de E. A. Poe est sans doute encore trop récente pour que cela soit évident. *L'enterrement prématuré*, qui utilise le motif du revenant, et *Le masque de la mort rouge* employant celui du bal démoniaque, ont sans doute servi de motivation permettant de développer des contes de J. Cortázar. *Lettres de maman* et *La santé des malades,* en établissant certainement des variantes originales, les utilisent comme motif central. De même, *Quelqu'un qui passe par là* est lié thématiquement à la situation politique cubaine de ces années-là ; cependant, ses motifs principaux sont liés à celui du *revenant*. Le motif de la fête ou du bal sataniques apparaît à travers le jeu cérémoniel, dans des textes comme *Fin d'un jeu* de 1956, ainsi que dans le conte extensif écrit en 1983 dont le thème est lié à l'autoritarisme dans l'Argentine des années trente : *L'école, la nuit*.

La descente aux enfers du labyrinthe des hommes fut également explorée dans les dernières années en surgissant au niveau de l'énoncé. Elle ne se révéla pas seulement en tant que bruit, vide et néant ontologique de l'énonciation, ou bien en tant que système métonymique sans référent possible, comme dans les premières productions de l'auteur. En effet, le parcours hypogée se transforme, par exemple, en pampa infinie, comme c'est le cas dans *Le voyage*. De même, plus concrètement, il prend la forme du métropolitain parisien dans *Manuscrit trouvé dans une poche*. L'évocation de E. A. Poe s'inscrit dès le titre du conte qui reprend également la notion de l'impossibilité de dépasser un destin fatal pouvant s'achever dans la mort.

Texte dans un carnet de 1980 est l'un des derniers récits de J. Cortázar et, cette fois, l'histoire descend dans le vétuste métro de Buenos Aires qui devient la substance du labyrinthe. Ses similitudes surprenantes avec *L'homme des foules* de E. A. Poe ne font que renforcer l'idée selon laquelle le destin humain se présente comme un mystère insondable. Dans les deux cas et à travers des modalités propres à des écrivains séparés par une distance temporelle de plus d'un siècle, cette destinée est assimilée à un voyage initiatique se résolvant pourtant dans le doute, mais au bout duquel l'homme attend toujours au sein d'un univers impassible.

Donc le fantastique qui, à la manière de Roland Barthes, pourrait être identifié à une poétique d'exorcisme, n'est pas exclusivement l'expression d'une forme d'indicible ou d'objectivation symbolique du mystérieux. Il représente également une voie singulière permettant l'expression des exceptions. En effet, à travers ces dernières, dans la recherche de la connaissance, les contenus du monde, en incluant l'historique et le politique, pourraient perdre de leur opacité.

Ainsi, J. Cortázar élabora des versions personnelles de tous les motifs appartenant aux grands auteurs de la littérature fantastique. Proposant ses variantes, l'écrivain argentin établit des rapports étroits avec des éléments de la plus illustre tradition du fantastique. En les découvrant, les mentionnant et les ordonnant, nous avons pu rendre compte de la manière unique et originale dont le génie de J. Cortázar les a utilisés pour modifier et enrichir tout un genre.

INDEX DES NOUVELLES
DE L'AUTEUR CITÉES ET ANALYSÉES